出纳会计实务

主　编　李凤英　王书果

副主编　李晓琳　宋　芬

主　审　李小刚

山东人民出版社

图书在版编目（CIP）数据

出纳会计实务/李凤英,王书果主编.—2版.—济南:山东人民出版社,2012.7(2021.1重印)
ISBN 978 - 7 - 209 - 06613 - 6

Ⅰ.①出… Ⅱ.①李…②王… Ⅲ.①出纳 - 会计实务 - 高等职业教育 - 教材 Ⅳ.①F223

中国版本图书馆 CIP 数据核字（2012）第 160285 号

出纳会计实务

李凤英　王书果　主编

山东出版传媒股份有限公司
山东人民出版社出版发行

社　　址:济南市英雄山路 165 号　邮　编:250002
网　　址:http://www.sd - book.com.cn
发行部:(0531)82098027　82098028
新华书店经销
日照报业印刷有限公司印装
规　格　16 开　（180mm×240mm）
印　张　16
字　数　300 千字
版　次　2016 年 1 月第 2 版
印　次　2021 年 1 月第 7 次
ISBN 978 - 7 - 209 - 06613 - 6
定　价　32.00 元

如有质量问题,请与印刷厂调换。电话:(0633)8221365

前　言

　　出纳岗位是每一个经济单位不可或缺的职位,是货币资金内部控制的关键岗位,是会计毕业生就业的主要岗位之一。为了使会计教学更能满足专业培养目标的要求,进一步体现以就业为导向的办学方针,加大会计教学的职业性、实践性,突出对学生职业能力的培养,我们与山东日冷食品有限公司合作,共同开发编写了《出纳会计实务》岗位教材。

　　本教材内容丰富,坚持理论与实践、知识与能力的统一,强调实用性优先于系统性、实务优先于理论、能力优先于知识。其特色与创新主要体现在:

　　1. 打破传统学科体系,创新性的开发集理论与实践为一体的岗位课程。

　　2. 教材充分体现任务引领、实践导向的课程设计思想。以各类企事业单位出纳会计岗位业务操作的各项任务为主线、结合职业资格证书考核要求,合理安排教材内容。

　　3. 教材的内容来源于出纳岗位的工作内容,任务处理资料来源于对企业真实账务资料的修改,从而大大加强学生处理出纳工作的能力。

　　本书由烟台职业学院李凤英、王书果任主编,李晓琳、宋芬任副主编,山东日冷食品有限公司李小刚担任主审。项目一由王书果编写,项目二和项目三由李晓琳编写,项目四国内结算部分由李凤英编写,项目四国际结算部分由宋芬编写,项目五由李凤英编写。李凤英负责全书的审订总纂和修改补充工作。

　　限于编者的学术水平,加之时间仓促,书中难免存在不足和错误之处,真诚希望广大读者批评指正。

　　本书在编写过程中得到了山东日冷食品有限公司的财务人员及烟台职业学院会计系领导、会计教研室老师的大力支持,在此一并深表感谢。

编者

2012 年 3 月

目　录

项目一　概览出纳岗位

【教学目标】

通过本项目的学习,能够明确出纳岗位的职业定位及职业道德;熟悉出纳工作的组织及出纳的主要工作内容;熟悉出纳岗位的职责与权限。

【重点难点】

1.出纳的职责与权限;

2.出纳工作的组织;

3.出纳的日常工作内容。

任务一　出纳的职业定位

【任务目标】

通过本次任务的学习,学生能够认识出纳的职业定位,知道出纳工作的特点。

【任务导入】

出纳是会计从业道路的起点,职场新人王芳准备应聘出纳岗位,请问,她应该了解哪些出纳方面的知识?

【相关知识】

一、出纳的含义

出纳是管理货币资金收支的一项工作。从出纳角度看,管理货币资金主要包括实际持有的库存现金、银行存款和其他货币资金。明确地说,出纳就是按照有关规章制度,办理本单位的现金收付、银行结算及有关账务,保管库存现金、有价证券、财务印章及有关票据等。

在商品经济社会里,货币成为交换的主要工具,任何经济组织的全部经济活动都要通过货币资金的收付结算来完成。如工商企业在经营活动中资金的筹集与使用、职工工资的发放与费用的报销、行政事业单位资金的拨付与上缴等,这些经济活动都需要一个专职的岗位和人员去专门办理。这个岗位就是出纳岗位,在这个

岗位上工作的人就是出纳员。

二、出纳的职业定位

出纳工作,顾名思义,出即支出,纳即收入。出纳工作是管理货币资金、票据、有价证券进进出出的一项工作。从实践来说,出纳是指按照有关规定和制度,办理本单位的现金收付、银行结算及有关账务,保管库存现金、有价证券、财务印章及有关票据等工作的总称。从大的方面来讲,只要是票据、货币资金和有价证券的收付、保管、核算,都属于出纳工作。它既包括各单位会计部门专设出纳机构的各种票据、货币资金、有价证券收付的处理,票据、货币资金、有价证券的整理和保管,货币资金、有价证券收付的核算等各项工作;也包括各单位业务部门的货币资金收付、保管等方面的工作。而从小的方面来讲,出纳工作则仅指各单位会计部门专设出纳岗位或人员所负责的各项工作。

相应的,出纳人员,从广义上讲,既包括会计部门的出纳工作人员,也包括各单位业务部门的各类收款员。而收款员从其工作的性质、内容、要求以及他们本身所应当具备的个人素质等方面综合来看,他们与会计部门的专职出纳人员有很多相同之处。首先,收款员的主要工作是办理货币资金和各种票据的收入,保证自己经手的货币资金和票据的安全与完整;其次,收款员还需要填制和审核原始单据凭证;另一方面,由于收款员同样是直接与货币打交道,所以除了要有过硬的出纳业务知识外,还必须具备良好的财经纪律意识和职业道德修养。所不同的是,收银员一般工作在经济活动的第一线,各种票据和货币资金的收入,特别是货币资金的收入,通常是由收款员转交给专职出纳的;最后,收款员的工作过程是收入、保管、核对与上交,一般不专门设置账户进行核算。因此,也可以说,收款员是出纳或者会计机构的派出人员,他们是各单位出纳队伍中的一员,他们的工作是整个出纳工作的一部分。实际工作中所指的出纳人员仅指会计部门的出纳人员。

三、出纳工作的特点

出纳工作是会计工作的组成部分,具有一般会计工作的本质属性。但它又是一个专门的岗位,一项专门的技术,因此具有自己专门的工作特点。出纳工作的主要特点:

1. 社会性

出纳工作担负着一个单位货币资金的收付、存取活动,而这些活动是处在整个社会经济活动的大环境之中的,是和整个社会的经济运转相联系的。只要这个单位发生经济往来,就肯定要求出纳员与之发生经济关系。如:出纳人员要了解国家有关财会政策法规并参加这方面的学习和培训,出纳人员经常跑银行等。因此,出纳工作具有普遍的社会性。

2.专业性

出纳作为会计工作的一个重要岗位,有着专门的操作技术和工作规则。凭证如何填,日记账怎样记都很有学问,甚至连保险柜的使用与管理也很有讲究。因此,要做好出纳工作,一方面要求受过一定的职业教育,另一方面也需要在实践中不断积累经验,掌握其工作要领,熟练使用现代化办公工具。

3.政策性

出纳工作是一项政策性很强的工作,其工作的每一环节都必须按照国家规定进行。如办理现金收付要按照国家现金管理规定进行,办理银行结算业务要依据国家银行结算办法进行,《会计法》《会计基础工作规范》等法律、法规都把出纳工作纳入会计工作中来,并对出纳工作提出了具体的规定和要求。不掌握这些政策法规,就不可能做好出纳工作;不按这些政策法规办事,就会违反财经纪律。

4.时间性

出纳工作具有很强的时间性,何时发放工资,何时核对银行对账单等,都有严格的时间要求,一天都不能延误。因此,出纳员心里应该有个时间表,及时办理各项工作,保障出纳工作质量。

【任务实施】

王芳应先了解出纳的含义,认识出纳的职业定位,在此基础上明确出纳工作的主要特点。

任务二　出纳的会计基础

【任务目标】

通过本次任务的学习,学生能够熟悉会计要素、会计科目及账户,掌握复式记账法的特点等。

【任务导入】

魏彤是一名刚毕业的学生,且不是专修会计专业的,因工作需要公司领导安排她到出纳岗位,她应该了解哪些会计方面的理论知识?

【相关知识】

出纳是会计工作的组成部分,要做好出纳工作,应熟知会计对象、会计要素和借贷记账法等会计基本理论。

会计对象是指企事业单位发生的各项交易或事项。企事业单位所发生的交易或事项各有差异,为了具体实施会计核算,进行会计监督,有必要对会计对象进行适当的分解。对会计对象按照其经济特征划分成的大类即为会计要素。

一、会计要素

会计要素是根据交易或者事项的经济特征所确定的财务会计对象的基本分类。《企业会计准则——基本准则》规定,企业会计要素按照其性质分为资产、负债、所有者权益、收入、费用和利润。行政事业单位会计要素分为资产、负债、净资产、收入和支出。

（一）资产及其分类

资产是指过去的交易或者事项形成的,由企业拥有或者控制的,预期会给企业带来经济利益的资源。

企业的资产按照流动性分为流动资产和非流动资产。

满足下列条件之一的,应当归类为流动资产:

1. 预计在一个正常营业周期中变现、出售或者耗用,主要包括存货、应收账款等资产。需要指出的是,变现一般针对应收账款而言,指将资产变为现金;出售一般针对产品等存货而言;耗用一般指将存货(如原材料)转变成另一种形态(如产成品)。

2. 主要为交易目的而持有。这主要是指交易性金融资产。

3. 预计在资产负债表日起一年内(含一年)变现。

4. 资产负债表日起一年内,交换其他资产或清偿负债的能力不受限制的现金或现金等价物。

除满足上述条件归类为流动资产以外的资产为非流动资产,主要包括长期股权投资、固定资产、无形资产和长期待摊费用等资产。

（二）负债及其分类

负债是指企业过去的交易或者事项形成的,预期会导致经济利益流出企业的现时义务。

企业的负债按照流动性分为流动负债和非流动负债。

满足下列条件之一的,应当归类为流动负债:

1. 预计在一个正常营业周期中清偿。

2. 主要为交易目的而持有。

3. 自资产负债表日起一年内到期应予以清偿。

4. 企业无权自主地将清偿推迟至资产负债表日后一年以上。

在实际工作中,有些流动负债,如应付账款、应付职工薪酬等属于企业正常营业周期中使用的营运资金的一部分。尽管这些经营性项目有时在资产负债表日后超过一年才能清偿,但是它们仍应划分为流动负债。

除满足上述条件归类为流动负债以外的其他负债为非流动负债,主要包括长期借款、应付债券、长期应付款和预计负债等。

（三）所有者权益

所有者权益是指企业资产扣除负债后，由所有者享有的剩余权益。公司的所有者权益又称为股东权益。所有者权益是所有者对企业资产的剩余索取权，它是企业资产中扣除债权人权益后应由所有者享有的部分，既可反映所有者投入资本的保值增值情况，又体现了保护债权人权益的理念。

所有者权益的来源包括所有者投入的资本、直接计入所有者权益的利得和损失、留存收益等，通常由实收资本（或股本）、资本公积、盈余公积和未分配利润构成。

（四）收入

收入是指企业在日常活动中形成的、会导致所有者权益增加的、与所有者投入资本无关的经济利益的总流入。

按照经营业务的主次分类，企业收入可以分为主营业务收入和其他业务收入。

（五）费用

费用是指企业在日常活动中发生的、会导致所有者权益减少的、与向所有者分配利润无关的经济利益的总流出。

费用按照其与收入的关系，可以分为营业成本和期间费用。其中，营业成本是指所销售商品的成本或者所提供劳务的成本；期间费用包括管理费用、销售费用和财务费用。

（六）利润的定义

利润是指企业在一定会计期间的经营成果。通常情况下，如果企业实现了利润，表明企业的所有者权益将增加，业绩得到了提升；反之，如果企业发生了亏损（即利润为负数），表明企业的所有者权益将减少，业绩下滑了。因此，利润往往是评价企业管理层业绩的一项重要指标，也是投资者等财务报告使用者进行决策时的重要参考。

利润包括收入减去费用后的净额、直接计入当期利润的利得和损失等。其中收入减去费用后的净额反映的是企业日常活动的业绩，直接计入当期利润的利得和损失反映的是企业非日常活动的业绩。

二、会计科目和账户

会计要素只是对会计对象的基本分类，为了全面、系统、分类地核算和监督各项交易或事项的发生情况以及由此而引起的会计要素的增减变动过程和结果，企业必须在基本分类的基础上进行进一步分类，并赋予每一个类别以相应的名称，即设置会计科目。

（一）会计科目

1.会计科目的含义

会计科目是对会计要素的内容进行科学再分类的类别名称。因此,企业所设会计科目应能全面反映和监督资产、负债、所有者权益、收入、费用和利润等会计内容;行政事业所设会计科目应能全面反映和监督资产、负债、净资产、收入和支出等会计内容。此外,每个会计主体还应结合自身特点,设置符合规定和单位需要的会计科目。

2. 会计科目的分类

根据我国《企业会计准则——应用指南》,按反映的经济内容,将会计科目划分为资产类、负债类、共同类、所有者权益类、成本类和损益类六类。一般企业通常设置以下五类会计科目。(表1-1)

表1-1　　　　　　　　企业会计科目表

编号	会计科目名称	编号	会计科目名称
	一、资产类	2201	应付票据
1001	库存现金	2202	应付账款
1002	银行存款	2203	预收账款
1012	其他货币资金	2211	应付职工薪酬
1101	交易性金融资产	2221	应交税费
1121	应收票据	2231	应付利息
1122	应收账款	2232	应付股利
1123	预付账款	2241	其他应付款
1131	应收股利	2401	递延收益
1132	应收利息	2501	长期借款
1221	其他应收款	2701	长期应付款
1231	坏账准备	2702	未确认融资费用
1401	材料采购	2711	专项应付款
1402	在途物资	2801	预计负债
1403	原材料	2901	递延所得税负债
1404	材料成本差异		三、所有者权益类
1405	库存商品	4001	实收资本(或股本)
1406	发出商品	4002	资本公积
1407	商品进销差价	4101	盈余公积
1408	委托加工物资	4103	本年利润

（续表）

编号	会计科目名称	编号	会计科目名称
1411	周转材料	4104	利润分配
1471	存货跌价准备	4201	库存股
1501	持有至到期投资		四、成本类
1502	持有至到期投资减值准备	5001	生产成本
1503	可供出售金融资产	5101	制造费用
1511	长期股权投资	5301	研发支出
1512	长期股权投资减值准备		五、损益类
1601	固定资产	6001	主营业务收入
1602	累计折旧	6051	其他业务收入
1603	固定资产减值准备	6101	公允价值变动损益
1604	在建工程	6111	投资收益
1605	工程物资	6301	营业外收入
1606	固定资产清理	6401	主营业务成本
1701	无形资产	6402	其他业务成本
1702	累计摊销	6403	营业税金及附加
1703	无形资产减值准备	6601	销售费用
1711	商誉	6602	管理费用
1801	长期待摊费用	6603	财务费用
1811	递延所得税资产	6701	资产减值损失
1901	待处理财产损溢	6711	营业外支出
	二、负债类	6801	所得税费用
2001	短期借款	6901	以前年度损益调整

（二）会计账户

会计科目只是对会计具体内容进行分类核算的项目或名称，还不能进行具体的会计核算，为了全面、分类、系统地核算和监督各项交易或事项所引起的资金增减变动情况及其结果，必须设置会计账户。

1. 会计账户的含义

会计账户，简称账户，是根据会计科目开设的对会计对象的具体内容进行分类、连续记录核算的载体。

设置账户是会计核算的专门方法之一,账户所记录的会计数据是编制会计报表的资料来源。

2. 账户的基本结构

为了全面、清楚地记录各项经济业务,每个账户既要有明确的经济内容,又必须有一定的结构。引起资金变动的经济业务尽管错综复杂,但从数量上看,不外乎增加和减少两种情况。因此账户的结构就相应地划分为左、右两个部分:一部分反映资金的增加;一部分反映资金的减少,增减相抵后的差额称为账户的余额。账户分设的增加、减少和余额三个部分是账户的基本结构。账户的基本结构称为"T"型账户或"丁"型结构,格式如图1-1所示。

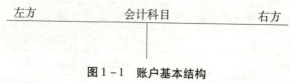

左方   会计科目   右方

图1-1 账户基本结构

三、借贷记账法

借贷记账法是当今社会普遍使用的一种记账方法,《企业会计准则》明确规定,我国企事业单位在进行会计核算时,必须采用借贷记账法。

(一)借贷记账法的概念

借贷记账法是以"借""贷"作为记账符号,以"有借必有贷,借贷必相等"为记账规则,记录会计要素增减变动情况的一种复式记账法。理论基础是会计恒等式:资产=负债+所有者权益。

(二)借贷记账法的记账符号

借贷记账法以"借""贷"作为记账符号,用以表明各项交易或事项所引起的资金变动应计入账户的方向。记账符号"借"或"贷"表示的经济内容,可以归纳为:"借"表明资产类账户的增加,权益类账户的减少;"贷"表明权益类账户的增加,资产类账户的减少。损益类账户本质上属于所有者权益类账户,其中的收益账户是核算所有者权益增加的账户,其结构与所有者权益类账户相同;费用账户是核算所有者权益减少的账户,其结构与所有者权益类账户相反。

(三)借贷记账法下账户结构

在借贷记账法下,账户的左方称作"借方",账户右方称为"贷方"。一定会计期间登记在借方的数额合计称为"借方发生额",登记在贷方的数额合计称为"贷方发生额",两者相抵后的差额称为"期末余额"。本期余额转入下一个会计期间时,为下一期的"期初余额"。余额与发生额的关系可用下列公式表示:

期末余额=期初余额+本期借方发生额-本期贷方发生额

对于一个账户来说,记入该账户增加方的数额一般都要大于或者等于其减少方的数额,所以账户正常的余额应在记录增加额的一方。也即资产类账户的余额一般在借方,负债类和所有者权益类账户的余额一般在贷方。借贷记账法下账户的基本结构,如图1-2、1-3所示。

资产类账户

借方		账户名称(会计科目)	贷方	
期初余额	×××	发生额(减少数)		×××
发生额(增加数)×××				
本期发生额(增加数合计)×××		本期发生额(减少数合计)		×××
期末余额×××				

图1-2　资产类账户基本结构

权益类账户

借方		账户名称(会计科目)	贷方	
发生额(减少数)	×××	期初余额		×××
		发生额(增加数)×××		
本期发生额(减少数合计)	×××	本期发生额(增加数合计)×××		
		期末余额×××		

图1-3　权益类账户基本结构

出纳负责的现金日记账、银行存款日记账以及股票、债券明细账都属于资产类账户,应重点掌握资产类账户。

【任务实施】

魏彤作为刚上岗的出纳员,应当先从理论上对会计对象、会计科目及借贷记账法等进行充分地了解和认识。

任务三　出纳的日常工作内容

【任务目标】

通过本次任务的学习,了解出纳工作专业术语,熟悉出纳日常工作内容和一般程序。

【任务导入】

瑞华食品公司是一家规模不大的企业,王芳被聘为公司出纳,请问出纳日常工作内容有哪些?

【相关知识】

企事业单位的经济业务性质和特点不尽相同,千差万别,管理要求也各有不同,但出纳人员在核算过去已经发生的各项交易或事项时,都必须办理凭证手续,登记有关账簿。

一、会计凭证

会计凭证,是具有一定格式、用以记录交易或事项发生和完成情况的书面证明。

企业或单位发生的各项交易或事项,都必须取得或填制会计凭证,以书面形式证明交易或事项的发生或完成情况。会计凭证应载明交易或事项的内容、数量、金额,并由经办人员签名或者盖章,以明确经济责任。会计凭证多种多样,按其填制程序和用途不同,可以分为原始凭证和记账凭证两类。

（一）原始凭证

1. 原始凭证的概念

原始凭证又称单据,是在交易或事项发生时,由交易或事项经办人员直接取得或者填制的、用以载明某些交易或事项已经发生或者完成情况,并明确有关经济责任的一种凭证。原始凭证是进行会计核算的原始资料和重要依据。例如,采购货物取得的发票、现金付款时取得的收据等。

2. 原始凭证的种类

原始凭证按其来源的不同,可以分为外来原始凭证和自制原始凭证。

（1）外来原始凭证:外来原始凭证是指在交易或者事项发生或完成时,从其他单位或个人直接取得的原始凭证,如购买办公用品时取得的发票、职工出差取得的飞机票、车船票等。

（2）自制原始凭证:自制原始凭证是指由本单位内部具体经办业务的部门或人员,在执行或完成某项经济事项时自行填制的、仅供本单位内部使用的原始凭证,如借款单、差旅费报销单、工资发放明细表等。

（二）记账凭证

由于原始凭证只记录了交易或事项的内容,不能直接作为记账的依据。为了便于登记账簿,需要将来自不同的单位、种类繁多、格式大小不一的原始凭证加以归类、整理,填制具有统一格式的记账凭证。

1. 记账凭证的概念

记账凭证,俗称传票,是对交易或事项按其性质加以归类,确定会计分录,并据以登记账簿的会计凭证。

2. 记账凭证的种类

记账凭证按其反映的经济业务不同,分为收款凭证、付款凭证和转账凭证。

（1）收款凭证:收款凭证是指用于记录库存现金和银行存款收入的记账凭证。

（2）付款凭证:付款凭证是指用于记录库存现金和银行存款付出的记账凭证。

（3）转账凭证:转账凭证是指用于记录不涉及库存现金和银行存款收付的转账事项的记账凭证。

二、会计账簿

企事业单位每日发生的交易或事项,都已载入会计凭证。但是会计凭证数量多而分散,缺乏系统性。为了全面、连续、系统地反映企事业单位的经济活动及财务收支情况,必须设置会计账簿将分散在会计凭证中的交易或事项归类记载。

(一)会计账簿的概念

会计账簿是由具有一定格式的账页组成,是以会计凭证为依据,全面、连续地记录一个单位的交易或事项,对大量分散的数据或资料进行分类归集整理,逐步加工成有用的会计信息的工具。

(二)账簿的种类

账簿按其用途不同,可以分为日记账、分类账和备查簿。

1. 日记账,又称序时账,是按照交易或事项发生或完成时间的先后顺序,逐日逐笔地进行登记的一种序时账簿。例如:现金日记账,银行存款日记账。

2. 分类账,是对交易或事项进行分类核算的账簿。按照提供核算指标的详细程度不同,分类账又可分为总分类账和明细分类账两种。

3. 备查簿,又称为辅助账,是对日记账和分类账中未能反映和记录的事项进行补充登记的账簿。备查簿主要用来记录一些供日后查考的有关经济事项,例如应收票据备查簿等。

三、出纳工作一般程序

各企事业单位特点不同,规模大小也不一样,因此设置的账簿,凭证的种类、格式和各种账簿之间的相互关系也不一样,但出纳业务处理的步骤基本一致,其基本程序是:

1. 根据原始凭证或汇总原始凭证填制收款凭证、付款凭证;对于投资有价证券业务,还应根据原始凭证或汇总原始凭证编制转账凭证。

2. 根据收款凭证、付款凭证逐日逐笔登记现金日记账、银行存款日记账、有价证券明细分类账等。

3. 现金日记账的余额与库存现金每天进行核对,与现金总分类账定期进行核对;银行存款日记账与银行出具的银行对账单逐笔进行核对,至少每月一次,银行存款日记账的余额与银行存款总分类账定期进行核对;有价证券明细分类账与库存有价证券要定期进行核对。

4. 根据现金日记账、银行存款日记账、有价证券明细分类账、银行对账单等,定期或不定期编制出纳报告,提供出纳核算信息。

四、出纳工作内容

出纳的日常工作主要包括货币资金核算、往来结算、职工薪酬核算三个方面的内容。

（一）货币资金核算。

按照我国《会计法》的有关规定，出纳在进行货币资金核算过程中的日常工作，主要包括如下几个方面：

1. 严格按照国家有关现金管理制度的规定，根据稽核人员审核签章的收付款单据，进行复核、办理款项收付。对于重大的开支项目，必须经过会计主管人员、总会计师或单位领导审核签章，方可办理。收付款后，要在收付款凭证上签章，并加盖"收讫""付讫"戳记。

2. 要严格控制签发空白支票。如因特殊情况确需签发不填写金额的转账支票时，必须在支票上写明收款单位名称、款项用途、签发日期，规定限额和报销期限，并由领用支票人在专设登记簿上签章。逾期未用的空白支票应交给签发人。

3. 根据已经办理完毕的收付款凭证，逐笔顺序登记现金和银行存款日记账，并结出余额。现金日记账的账面余额每天要与库存现金核对，银行存款日记账要及时与对账单核对。月末要编制银行存款余额调节表，使账面余额与对账单上余额调节相符。对于未达账项应及时查询，随时掌握银行存款余额。

4. 对于现金和有价证券，要确保其安全与完整无缺。要保守保险柜密码、保管好钥匙，不得任意转交他人。

5. 出纳人员所管的印章必须妥善保管，严格按照规定用途使用。对于空白票据和支票必须严格保管，专设登记簿登记，认真办理领用注册手续。

6. 认真审查销售业务的有关凭证，严格按照销售合同和银行结算制度，及时办理销售款项的结算，催收销售货款。发生销售纠纷，货款被拒付时，要通知有关部门及时处理。

（二）往来结算

出纳在日常工作中除了对单位的货币资金进行核算外，往来结算也是一项重要的工作内容。往来结算业务的内容，主要包括：企业与内部核算单位和职工之间的款项结算；企业与外部单位不能办理转账手续和个人之间的款项结算；低于结算起点的小额款项结算；根据规定可以用于其他方面的结算。

对于购销业务以外的各种应收、暂付款项，要及时催收结算；应付、暂收款项，要抓紧清偿。对于确实无法收回的应收账款和无法支付的应付账款，应查明原因，按照规定报经批准后处理。实行备用金制度的企业，要核定备用金定额，及时办理领用和报销手续，加强管理。对预借的差旅费，要督促及时办理报销手续，收回余额，不得拖欠，不得挪用。对购销业务以外的暂收、暂付、应收、应付、备用金等债权债务及往来款项,要建立清算手续制度,加强管理,及时清算。

（三）职工薪酬核算

职工薪酬核算是出纳另一项重要的日常工作,由于它涉及单位员工的利益,因此,出纳在做这些工作的时候尤其需要谨慎。一般来说,职工薪酬核算日常工作内容有:

根据单位批准的工资计划,会同人力资源管理部门,严格按照规定掌握工资和奖金的支付,分析工作计划的执行情况。

根据实有职工人数、工资等级和工资标准,审核工资结算单,办理代扣款项（包括个人所得税、社会保险及住房公积金等）,计算实发工资。根据工资结算单,填制支票及时送开户银行,办理工资的发放;办理社会保险、住房公积金的缴纳工作。期末及时将结算单装订成册,妥善保管。

【任务实施】

为了能够胜任新的工作,王芳做了充分的准备,明确出纳日常工作主要包括货币资金核算、往来结算、职工薪酬核算三个方面的内容。

任务四　出纳工作的组织

【任务目标】

通过本次任务的学习,学生能熟悉出纳工作的组织,明确出纳岗位职责与权限,遵守出纳应具备的职业道德。

【任务导入】

瑞华食品公司是一家新建的企业,王芳应聘到该企业从事出纳工作,并负责建立出纳工作的组织。如果你是王芳,应该怎样科学合理地组织出纳工作?

【相关知识】

出纳工作的组织是指出纳机构与人员设置、出纳岗位的职责权限等。各单位实际情况不同,出纳工作的组织内容也不可能完全相同,但无论如何其组织形式必须符合国家财务会计法律、法规规定。因此,出纳工作的组织是一项政策性很强的工作。

一、出纳机构与人员设置

（一）出纳机构设置

出纳机构,是指会计机构内部专门负责处理出纳业务的专职机构,一般设置在会计机构内部,如各企事业单位财会科、财务处内部设置专门处理出纳业务的出纳组、出纳室。

《会计法》规定:"各单位应当按照会计业务的需要设置会计机构,或在有关机构中设置会计人员并指定会计主管人员。不具备设置条件的,可以委托经批准设立的会计咨询、服务机构代理记账。"由此可见,《会计法》对各单位会计、出纳机构与人员的设置没有做出具体的规定,而是要求各单位根据业务需要来设定。各单位可按照自身规模大小和货币资金管理的要求,结合出纳工作的具体情况来设置出纳机构、配备出纳人员。大型企业可在财务处下设出纳科;中型企业可在财务科下设出纳室,小型企业可在财务科内只指定一名专职或兼职出纳人员。

（二）出纳人员配置

一般来说,实行独立核算的企业单位,在银行开户的行政事业单位,有经常性现金收入和支出业务的企业、行政事业单位,都应配备专职或兼职出纳人员,担任本单位的出纳工作。出纳人员配备的多少,主要取决于本单位出纳业务量的大小和繁简程度。一般可采用一人一岗、一人多岗、一岗多人等几种形式。

一人一岗适用于规模不大,且出纳工作量不大的单位,可设置专职出纳员一名。

一人多岗适用于规模较小,且出纳工作量较小的单位,可设置兼职出纳员一名。但兼职出纳不得兼管收入、支出、费用、债权债务账目的登记工作及稽核工作和会计档案保管工作。

一岗多人适用于规模较大,出纳工作量较大的单位,可设多名出纳员,如分设管理收付的出纳和管账的出纳,或分设现金出纳和银行存款出纳等。

二、出纳岗位的职责、权限

出纳是会计的重要工作环节,主要涉及现金收付、银行结算的活动,这些直接关系到职工个人、单位乃至国家的经济利益,如工作出了疏漏,就会造成不可挽回的损失,因此,明确出纳人员的职责和权限,是做好出纳工作的前提条件。根据《会计法》《会计人员职权条例》《会计基础工作规范》等财会法规,出纳员具有以下职责和权限:

（一）出纳岗位的职责

1. 依据国家有关现金管理制度的规定,办理现金收付业务。出纳应严格遵守现金开支范围,非现金结算范围不得用现金收付;遵守库存现金限额,超限额的现金应按规定送存银行;现金管理要做到日清月结,现金日记账账面余额与库存现金每天下班前应核对,发现问题,及时查对。

2. 严格按照《支付结算办法》等国家有关规定,加强对银行账户的管理,严格按照规定开立账户,办理存款、取款和结算业务。出纳应根据公司业务需求办理银行开户、销户;按财务规定审核与办理各项财务收支业务;办理银行结算凭证、票据的签发以及票据的背书、贴现等业务;搜集并掌握各种外币汇率;统计银行存款收支情况,掌握银行存款余额。

3.按照有关规定,在办理现金和银行存款收付业务时,要严格审核原始凭证,根据收付款凭证逐笔登记现金日记账和银行存款日记账。

4.按照有国家外汇有关规定和结购汇制度的规定及有关文件,办理外汇出纳业务。出纳员应熟悉国家外汇管理制度,及时办理结汇、购汇、付汇,以防国家外汇损失。

5.保管库存现金和各种有价证券的安全与完整。要制定适合本单位情况的现金和有价证券保管责任制,若发生短缺,属于出纳责任的应进行赔偿。

6.保管有关印章、空白票据和空白支票。一般情况下,财务专用章应由货币资金业务负责人保管,出纳员名章由本人保管,其他个人名章必须由本人或其授权人员保管。各种票据要办理领用和注销手续。

7.完成直属主管交办的其他工作。

(二)出纳岗位权限

根据《会计法》《会计基础工作规范》等财会法规的规定,出纳员具有以下权限:

1.维护财经纪律,执行财会制度,抵制不合法的收支和弄虚作假行为。

《会计法》是我国会计工作的根本大法,是会计人员必须遵循的重要法规。《会计法》第五条、第十四条、第二十九条、第三十条中对会计人员如何维护财经纪律提出具体规定。这些规定是:

(1)会计机构、会计人员依照本法规定进行会计核算,实行会计监督。

(2)会计机构、会计人员必须按照国家统一的会计制度的规定对原始凭证进行审核,对不真实、不合法的原始凭证有权不予接受,并向单位负责人报告;对记载不准确、不完整的原始凭证予以退回,并要求按照国家统一的会计制度的规定更正、补充。

(3)会计机构、会计人员发现会计账簿记录与实物、款项及有关资料不相符的,按照国家统一的会计制度的规定有权自行处理的,应当及时处理;无权处理的,应当立即向单位负责人报告,请求查明原因,作出处理。

(4)任何单位和个人对违反本法和国家统一的会计制度规定的行为,有权检举。收到检举的部门有权处理的,应当依法按照职责分工及时处理;无权处理的,应当及时移送有权处理的部门处理。

上述规定,为出纳员实行会计监督、维护财经纪律提供了法律依据和保障。出纳员应认真学习、贯彻这些法规,充分发挥出纳工作的"关卡""前哨"作用,为维护财经纪律、阻止不正之风作出贡献。

2.参与货币资金计划定额管理的权力。

现金管理制度和银行结算制度是出纳员开展工作必须遵照执行的法规,而执行这些法规,实际上是赋予了出纳员对货币资金管理的职权。如加强现金管理,要求各单位的库存现金必须限制在一定的范围内,超出的要按规定送存银行,这为银行部门利用社会资金进行有计划贷款提供了资金基础。因此,出纳工作不是简单的货币资金的收收付付,不是无足轻重的点点钞票,其工作的意义只有和许多方面的工作联系起来才能体会出来。

3. 管好用好货币资金的权力。

出纳工作每天和货币资金打交道,单位的一切货币资金往来都与出纳工作紧密相连,货币资金的来龙去脉,周转速度的快慢,出纳员都清清楚楚。因此,提出合理安排利用资金的意见和建议,及时提供货币资金使用与周转信息,是出纳员义不容辞的责任。出纳员应抛弃被动工作观念,树立主动参与意识,把出纳工作放到整个会计工作、经济管理工作的大范围中,这样既能增强出纳自身的职业光荣感,又开阔了出纳工作新视野。

三、出纳应遵守的职业道德

出纳是一项特殊的职业,出纳整天接触的是大把大把的金钱,成千上万的钞票,真可谓万贯家财手中过。没有良好的职业道德,很难顺利通过"金钱关",与其他会计人员比较,出纳更应当严格地遵守职业道德。

《企业会计规范》关于会计人员职业道德的具体规定有以下八个方面:

1. 爱岗敬业。会计人员应当热爱本职工作,安心本职岗位,忠于职守,尽心尽力,尽职尽责。

2. 诚实守信。会计人员应当做老实人,说老实话,办老实事,职业谨慎,信誉至上,不为利益所诱惑,不弄虚作假,不泄露机密。

3. 廉洁自律。会计人员应当公私分明、不贪不占,遵纪守法,清正廉洁。

4. 客观公正。会计人员应当端正态度,依法办事,实事求是,不偏不倚,保存应有的独立性。

5. 坚持准则。会计人员应当熟悉国家法律、法规和国家统一的会计制度,始终坚持按照国家法律、法规和国家统一的会计制度的要求进行会计核算,实施会计监督。

6. 提高技能。会计人员应当增强提高专业技能的自觉性和紧迫感,勤学苦练、刻苦钻研、不断进取、提高业务水平。

7. 参与管理。会计人员应当在做好本职工作的同时,努力钻研相关业务,全面熟悉本单位经营活动和业务流程,主动提出合理化建议,协助领导决策,积极参与管理。

8. 强化服务。会计人员应当强化服务意识,提高服务质量,努力维护和提升会计职业的良好社会形象。

作为出纳应当特别注意以下两点:

一是要清正廉洁。清正廉洁是出纳的立业之本,是出纳职业道德的首要方面。出纳掌握着一个单位的现金和银行存款,若要把公款据为己有或挪作私用,均有方便的条件和较多的机会。同时,外部经济违法分子也往往会在出纳身上打主意,施以小惠、拉其下水。应该说,面对钱欲、物欲的考验,绝大多数出纳以坚定的意志和清正廉洁的高贵品质赢得了人们的赞誉。当然,也有少数出纳利用职务之便贪污舞弊、监守自盗、挪用公款,到头来,害了单位也害了自己。

二是要坚持原则。出纳肩负着处理各种利益关系的重任,只有坚持原则,才能正确处理国家、集体与个人的利益关系。在工作中,有时需要牺牲局部与个人利益以维护国家利益,有时需要为了维护法律、法规的尊严而去得罪领导。这些都是出纳应坚持和必须做好的。长期以来,广大出纳在工作中坚持原则,无私无畏地维护财经纪律,不少出纳因此受到国家和人民的表彰和嘉奖。当然,也有一些出纳因坚持原则而遭到打击报复。但坚持原则终究会得到社会的理解和支持,打击报复迟早会受到处罚。为了保障国家和集体的利益,保护社会主义的公共资财,广大出纳要肩负起国家赋予的会计监督职责,在工作中坚持原则,自觉抵制不正之风,为维护会计工作秩序的正常进行贡献自己的力量。

【任务实施】

王芳建立出纳工作的组织,主要应解决以下问题:设置出纳会计机构;配备出纳会计人员;规范出纳的职责权限等。

任务五 出纳资料的归档和出纳工作的交接

【任务目标】

通过本次任务的学习,学生能妥当办理出纳工作的交接,熟悉出纳资料的归档和保管。

【任务导入】

王芳在瑞华食品公司从事出纳工作期间,任劳任怨,得到公司领导的认可和提拔,被委以重任,调离出纳岗位,请问,王芳应如何办理出纳工作的交接?

【相关知识】

一、出纳工作交接

《会计法》规定:"会计人员调动工作或者离职,必须与接管人员办清交接手续。一般会计人员办理交接手续,由会计机构负责人(会计主管人员)监交;会计机构负责人(会计主管人员)办理交接手续,由单位负责人监交,必要时主管单位可以派人会同监交。"出纳员调动工作或者离职时,与接管人员办清交接手续,是出纳员应尽的职责,也是分清移交人员与接管人员责任的重大措施。办好交接工作,可以使出纳工作前后衔接,可以防止账目不清、财务混乱。

出纳工作交接要做到两点:一是移交人员与接管人员要办清手续;二是交接过程中要有专人负责监交。

交接要求进行财产清理,做到账账相符、账款核对,交接清理后要填写移交表,将所有移交的票、款、物编制详细的移交清册,按册向交接人点清,然后由交、接、监三方签字盖章。移交表应存入会计档案。出纳交接一般分三个阶段进行:

第一阶段,交接准备。准备工作有以下几个方面:

1. 将出纳账簿登记完毕,结出余额,并在最后一笔余额后加盖出纳员名章。

2. 出纳账簿与库存现金、银行存款总账核对相一致,库存现金账面余额与实际库存现金核对一致,银行存款账面余额与对账单核对无误。

3. 在出纳账簿启用表上填写移交日期,并加盖名章。

4. 整理应移交的各种资料,对未了事项和遗留问题要写出书面说明材料。

5. 编制"移交清册"填明移交的账簿、凭证、现金、有价证券、支票簿、文件资料、印鉴和其他物品的具体名称和数量。

6. 实行会计电算化的单位,交接双方应在电子计算机上对有关数据进行实际操作,确认有关数字无误后,方可交接。

第二阶段,交接阶段。出纳员的离职交接必须在规定的时间内向接管人员交接清楚;接管人员应认真按移交清册当面点收。

1. 现金根据会计账簿余额进行当面点交,不得短缺。接管人员发现不一致或"白条抵库"现象时,移交人员应在规定的时间内负责查清处理。

2. 有价证券的数量要与分类账、备查账记录一致,有价证券面额与发行价不一致时,按照账面余额交接。

3. 出纳账和其他会计资料必须完整无缺,不得遗漏。如有短缺,由移交人员查明原因,在移交清册中注明,由移交人员负责。

4. 银行存款账户余额要与银行对账单核对一致,如有未达账项,应编制银行存款余额调节表调节相符;如有不符,应由移交人员查明原因,在移交清册中注明,并负责处理。

5. 接管人员按移交清册点收公章(主要包括财务专用章、法人代表章等)、收据、空白支票、发票和其他实物。

6. 接管人员办理接收后,应在出纳账簿启用表上填写接收日期,并签名盖章。

实行会计电算化的单位,出纳工作的交接还应包括下列内容:会计软件及会计软件有关的密码或口令;存储会计数据的介质(光盘、磁盘等);有关电算化的其他资料、实物等。

第三阶段,交接结束。

交接完毕,交接双方和监交人要在移交清册上签名盖章。移交清册必须注明:单位名称,交接日期,交接双方和监交人的职务、姓名,移交清册页数、份数和其他需要说明的问题和意见。移交清册一式三份,交接双方各执一份,存档一份。

【知识链接】

出纳员工作交接书

原出纳员××,因工作调动,财务处已决定将出纳工作移交给××接管。现办理如下交接:

一、交接日期

20××年×月×日

二、具体业务移交

1.库存现金×月×日账面余额××元,账实相符,日记账余额与总账相符;

2.库存国库券××元,经核对无误;

3.银行存款余额×××万元,经编制"银行存款余额调节表"核对相符。

三、移交的会计凭证、账簿、文件

1.本年度库存现金日记账一本;

2.本年度银行存款日记账二本;

3.空白现金支票××张(××号至××号);

4.空白转账支票××张(××号至××号);

5.托收承付登记簿一本;

6.付款委托书一本;

7.汇兑登记簿一本;

8.金库暂存物品细表一份,与实物核对相符;

9.银行对账单1—××月份××本;××月份未达账项说明一份;

四、印鉴

1.××公司财务处转讫印章一枚;

2.××公司财务处现金收讫印章一枚;

3.××公司财务处现金付讫印章一枚;

五、交接前后工作责任的划分

20××年×月×日前的出纳责任事项由××负责;20××年×月×日起的出纳工作由××负责。以上移交事项均经交接双方认定无误。

六、本交接书一式三份,双方各执一分,存档一份。

移交人:××(签名盖章)

接管人:××(签名盖章)

监交人：××（签名盖章）

××公司财务处（公章）

20××年×月×日

二、出纳资料的归档与保管

出纳核算资料是整个会计档案资料的一个重要组成部分，各单位出纳必须仔细做好出纳资料保管、立卷与归档工作。

（一）出纳归档资料的范围

出纳在办理正常的资金收付业务的同时，还应当做好出纳档案的保管及相关工作，提高工作效率和质量。

《会计档案管理办法》第四条规定："各单位必须加强对会计档案管理工作的领导，建立会计档案的立卷、归档、保管、查阅和销毁等管理制度，保证会计档案妥善保管、有序存放、方便查阅，严防毁损、散失和泄密。"而出纳档案是会计档案的重要组成部分，是记录出纳业务内容，明确相关经济责任的书面证明，一旦遗失或因保管不善而毁坏，将会给出纳本人和单位带来严重的影响。因此，出纳必须按照规定对有关的会计资料进行妥善的保管，保证会计档案记录的真实性、完整性、连续性和准确性。

出纳档案主要指会计凭证、会计账簿和财务报告等会计核算专业材料，同时也包括相关的重要单证等，具体包括：

1. 会计凭证类：反映资金收付业务的原始单证、记账凭证及其他出纳凭证。

2. 会计账簿类：现金日记账、银行存款日记账、其他货币资金明细账、辅助账簿和其他备查簿。

3. 财务报告类：包括月度、季度、年度的出纳报告、附注及文字说明、银行存款对账单及银行存款余额调节表、其他出纳报告等。

4. 其他类：作为收付依据的合同、协议及其他文件；按规定应单独存放保管的重要票证、单据，如作废的支票、作废的发票、作废的收据以及发票存根联、收据存根联；出纳盘点表和出纳考核报告等。

5. 档案管理类：出纳档案移交清册，出纳档案保管清册，出纳档案销毁清册。

（二）出纳归档资料的整理与保管

出纳对上述各种归档资料一定要进行科学的管理，做到妥善保管、存放有序、查找方便；要严格执行安全和保密制度，不能任意堆放，以免毁损、散失和泄密。

1. 出纳凭证的整理与保管。出纳记账所使用的各种收付记账凭证及其所附原始凭证，一般来说，在出纳过账后交给记账会计，在年终归档前由记账会计进行整理及保存。对于一些像"支票申请单"之类的原始凭证，可由出纳单独保管并整理成册，年末统一归档。

2.出纳账簿的整理与保管。出纳账簿在换成新账后,应将旧账归入会计档案。移交归档前应对旧账进行整理,对编号、扉页内容、目录等项目填写不全的,必须按照有关要求填写齐全;使用活页式(如用计算机记账的单位,账簿资料类似活页账)或卡片账的单位,在归档时必须编齐页码,加上扉页,并注明单位名称、所属期间、共计页数和记账人员签章等,而且要加盖公章。

3.其他资料的整理与保管。

出纳账证以外的其他归档资料,应分类整理并妥善保管,年末集中归入会计档案。

【任务实施】

《会计基础工作规范》规定:"会计人员工作调动或因故离职,必须将本人所经管的会计工作全部移交给接替人员,没有办清交接手续的,不得调动或离职。"出纳交接要符合会计人员交接要求。

王芳应做好交接前的准备工作,在规定的期限内,在会计机构负责人的监交下,全部向接管人员移交清楚,交接完毕后,交接双方和监交人员在移交清册上签名并盖章。

项目小结

本项目对出纳的职业定位、出纳的日常工作内容、出纳工作的组织及出纳应具备的会计基本理论作了简要的介绍。

出纳工作是会计工作的组成部分,会计对象是企事业单位发生的各项交易和事项,会计要素是对会计对象的基本分类,而会计科目是对会计要素的内容进行科学再分类的类别名称。借贷记账法是以"借""贷"作为记账符号,记录会计要素增减变动情况的一种复式记账法。

出纳工作的组织主要有设置出纳机构、配备出纳人员等,强调出纳应具有良好的职业道德。

出纳的日常工作主要包括货币资金核算、往来结算、职工薪酬核算三个方面的内容;出纳工作一般程序是:根据原始凭证或汇总原始凭证填制收款凭证、付款凭证;根据收款凭证、付款凭证逐笔登记现金日记账、银行存款日记账;现金日记账的余额与库存现金每天进行核对;银行日记账与银行出具的银行对账单逐笔进行核对,至少每月一次,做到日清月结;对于投资有价证券业务,还应根据原始凭证或汇总原始凭证编制转账凭证,并登记有价证券明细分类账,并定期与库存有价证券进行核对。根据现金日记账、银行存款日记账、有价证券明细分类账等,定期或不定期编制出纳报告,提供出纳核算信息。

思考与讨论

思考题

1.出纳的日常工作主要有哪些？出纳工作有哪些特点？

2.简述出纳工作的一般程序。

3.企业会计核算的基本要素有哪些？如何理解？

4.如何理解会计科目与账户的关系？

个案分析：

朱镕基总理三题"不做假账"。2001年4月16日,朱镕基总理在视察上海国家会计学院时亲笔题写校训："不做假账"。2001年10月29日,朱镕基视察了位于北京市天竺开发区的国家会计学院。朱总理在会议中心发表了重要讲话,并为国家会计学院题词："诚信为本,操守为重,遵循准则,不做假账"。2002年11月19日,朱镕基同志在第16届世界会计师大会闭幕式上演讲时指出"在现代市场经济中,会计师的执业准则和职业道德极为重要。诚信是市场经济的基石,也是会计执业机构和会计人员安身立命之本。中国特别重视会计职业道德建设,加强会计业监督管理,要求所有会计审计人员必须做到诚信为本,操守为重,坚持准则,不做假账,恪守独立、客观、公正的原则,不屈从和迎合任何压力与不合理要求,不以职务之便谋取一己私利,不提供虚假会计信息。"

（1）试述会计职业道德规范的主要内容。

（2）试述"诚实守信""坚持准则"的基本要求。

（3）为什么说"诚信是市场经济的基石,也是会计执业机构和会计人员安身立命之本"？

项目一 技能训练

一、出纳机构设置技能训练

训练目标：模拟实际工作中，不同规模企业出纳机构及出纳岗位人员的配置，训练学生对于出纳工作的组织能力。

资料及要求：根据以下不同单位的实际情况，设置出纳机构，并配置相应的出纳人员，完成出纳工作的组织。

企业情况	出纳机构设置	出纳人员配置
某国有企业,规模较大,且有对外出口业务,货币资金业务较多,出纳工作量大。		
某零售企业,规模中等,货币资金业务较多,出纳工作量较大。		
某企业,规模较小,货币资金业务较少,出纳工作量不大。		
某个体工商户,规模小。		

二、企业调研

以小组为单位，到当地生产企业、商场、医院等进行社会调研，了解其业务内容、规模大小以及会计机构设置，写出调研报告。

项目二　库存现金的核算与管理

【教学目标】

通过本项目的学习,学生能解读现金收支原始凭证;掌握库存现金收支范围及内部控制制度;能够进行库存现金的会计处理。

【重点难点】

1. 库存现金的收支范围。

2. 现金收付款业务的程序及有关规定。

3. 库存现金的核算。

任务一　现金收入业务

【任务目标】

通过现金收入业务的学习,学生能回答收款业务的流程,会识读现金收入的原始凭证,能够编制收款凭证,了解现金送存银行的程序。

【任务导入】

烟台蓝白食品有限公司属增值税一般纳税人,纳税人登记号370602195013992,法人代表王杰芳,财务部长于洋,出纳员任巧巧,制单员宋欣欣。开户银行:工商银行黄务支行,开户行地址:烟台市芝罘区机场路588号,账号140602007698。

2020年6月5日,发生如下现金交易或事项:

1. 收到职工王朔因违反公司规定给予的罚款400元。

2. 公司向烟台南通建筑公司销售产品一批,价款600元,增值税额78元,收到现金678元。

请问,上述交易或事项发生时,需要填制或取得哪些原始凭证? 会计人员如何编制记账凭证?

【相关知识】

现金又称库存现金,是指存放在企业并由出纳人员保管的现钞,包括库存的人民币和各种外币。它随时可以用来购买所需物资、支付日常零星开支、偿还债务等,是流动性最强的一种货币资产。

由于企事业单位每天都会发生大量的现金收付业务,这便要求企业应设专人(出纳)来完成现金的收付和保管业务,非出纳人员不得管理现金。当现金收付业务发生时,出纳人员必须取得和填制会计凭证,完整、如实地反映单位现金的增减变动,以明确经济责任。

一、现金收入业务的原始凭证

在办理现金收款业务时,会取得或填制多种多样的原始凭证,如收款收据、增值税专用发票等。

（一）原始凭证的种类

现金收入业务的原始凭证主要有以下几种:

1. 发票

发票是指企事业单位在销售商品,提供劳务以及从事其他经营活动中,所提供给对方的收付款的书面证明。它是进行会计核算的原始凭证,也是税务机关进行税务稽查的重要依据。

目前增值税发票主要包括以下几个票种:

增值税普通发票(含电子普通发票、卷式发票、通行费发票),是增值税纳税人销售货物或者提供应税劳务、服务时,通过增值税税控系统开具的普通发票。

增值税电子普通发票格式见表2-1。

表2-1 　　　　　　　　××增值税电子普通发票

发票代码:×××××××××××
发票号码:×××××××
开票日期　　年　　月　　日
校验码:×××××××××××××××

机器编号:×××××××××××

购货方	名　　　称: 纳税人识别号: 地址、电话: 开户行及账号:				密码区			
货物或应税劳务服务名称	规格型号	单位	数量	单价	金额		税率	税额
价税合计(大写)			(小写)					
销货方	名　　　称: 纳税人识别号: 地址、电话: 开户行及账号:				备注			

收款人:　　　　　　复核:　　　　　开票人:　　　　　　　　销货方:(章)

增值税专用发票(含增值税电子专用发票),是增值税纳税人销售货物或者提供应税劳务开具的发票,是购买方支付增值税额并可按照增值税有关规定据以抵扣增值税进项税额的凭证。增值税专用发票格式见表2-2。

机动车销售统一发票,凡从事机动车零售业务的单位和个人,从2006年8月1日起,在销售机动车(不包括销售旧机动车)收取款项时开具的发票。

二手车销售统一发票,二手车经销企业、经纪机构和拍卖企业,在销售、中介和拍卖二手车收取款项时,通过开票软件开具的发票。发票相关格式参见附录1。

增值税专用发票不仅是购销双方收付款的凭证,而且还可以用作购买方(增值税一般纳税人)扣除增值税的凭证,因此不仅具有商事凭证的作用,而且具备完税凭证的作用。而增值税普通发票除税法规定的经营项目外都不能抵扣进项税。

(1)发票的内容。发票的基本内容包括:发票的名称、字号、联次及用途,客户名称,商品名称或经营项目,计量单位、数量、单价、大小写金额,开票人、开票日期、开票单位(个人)名称(章)等。

(2)发票的基本联次。一般分为三联:第一联为存根联,开票方留存备查;第二联为发票联,收执方作为付款或收款原始凭证;第三联为记账联,开票方作为记账原始凭证。

表2-2

山东增值税专用发票
记账联

开票日期 2020年6月5日

购货单位	名　　　称:烟台南通建筑公司 纳税人识别号:370602165022732 地址、电话:芝罘区大马路123号6223421 开户行及账号:工行芝罘支行140602007654	密码区	6＊20－＜6＞6－415306－7＞3＋8加密版本: 0181－2964＋96364/6＋/－＜6＋ 81－64＞310＋/－28＞＜6＜52370012520 ＜7028/－4142579/6＞＞0614178545

货物或应税劳务名称	规格型号	单位	数量	单价	金额	税率	税额
食品		个	1200	0.5	600	13%	78
合　计					¥600.00		¥78.00

价税合计(大写)⊗陆佰柒拾捌圆整　　　(小写)¥678.00

销货单位	名　　　称:烟台蓝白食品有限公司 纳税人识别号:370602195013992 地址、电话:烟台市机场路588号6916825 开户行及账号:工行黄务支行140602007698	备注	烟台蓝白食品有限公司 370602195013992 发票专用章

收款人:任巧巧　　　复核　　　开票人:魏松　　　销货单位:(章)

(3)发票的领购。依法办理税务登记的单位和个人在领取税务登记证后,向主管税务机关申请购领发票。申请领购发票的单位和个人应当提出购票申请,提

供经办人身份证明、IC卡等向税务机关购领发票,经主管税务机关审核后,发给《发票领购簿》,纳税人凭《发票领购簿》核准的种类、数量以及购票方式,向主管税务机关领购发票。

需要临时使用发票的单位和个人,可以直接向税务机关申请办理。

临时到本省、自治区、直辖市行政区域以外从事经营活动的单位或者个人,应当凭所在地税务机关的证明,向经营地税务机关申请领购经营地的发票。经营地税务机关可以要求其提供保证人或者根据所领购发票的票面限额及数量交纳不超过1万元的保证金,并限期缴销发票。

需要说明的是,增值税专用发票和普通发票相比,有其特殊性。只有经过主管税务机关认定为增值税一般纳税人的,才有资格购领和使用增值税专用发票。

(4)发票的开具。销售商品提供劳务或从事其他经营活动的单位,对外发生经营业务收取款项时,应向付款方开具发票;特殊情况下,收购单位和扣缴义务人支付个人款项时,可以由购买方向收款方开具发票。

纸质增值税专用发票的基本联次为三联:发票联、抵扣联和记账联。发票联,作为购买方核算采购成本和增值税进项税额的记账凭证;抵扣联,作为购买方报送主管税务机关认证和留存备查的凭证;记账联,作为销售方核算销售收入和增值税销项税额的记账凭证。

增值税电子普通发票,区别于传统纸质发票可远程领取、无需往返税务机关,不需要保险柜进行存放,开具发票后不需要打印、邮寄,大幅降低纳税人在发票上的成本。

机动车销售统一发票和二手车销售统一发票开具后的存根联应当按照顺序号装订成册。

任何单位和个人不得转借、转让、代开发票;未经税务机关批准,不得拆本使用发票;不得自行扩大专业发票使用范围。禁止倒买倒卖发票。开具发票的单位和个人应当建立发票使用登记制度,设置发票登记簿,并定期向主管税务机关报告发票使用情况。

(5)发票的保管。开具发票的单位和个人,应当按照税法规定存放和保管发票,不得随意损毁。已经开具的发票存根联和发票登记簿,应当保存5年。保管期满报经主管税务机关查验后销毁。

2.收据

收据分为内部收据和非经营性收据。

(1)内部收据

内部收据,它一般用于单位内部职能部门与职工之间的现金往来及与外部单位和个人之间的非经营性现金往来。内部收据通常由单位根据自己需要设计印制或向商店购买,无需到税务部门购领。内部收据一般格式见表2-3。

表 2 - 3

收 款 收 据

2020 年 6 月 5 日　　　　　　第　　号

今收到　　王朔

交来　　违规罚款

人民币(大写)肆佰元整　　　￥400.00

现金收讫

单位印章：　　单位负责人：　　会计主管：于洋　　经手人：任丽丽

第三联　会计凭证

（2）非经营性收据

非经营性收据是指国家机关、事业单位等按规定收取相关费用和咨询服务费所开具的收据。非经营性收据由财政部统一印刷并加盖监制章，国家机关、事业单位按规定收取各种费用时必须开具非经营性收据。如非税收入收款收据，格式见表 2 - 4。

表 2 - 4

山东省非税收入收款收据
（工商行政管理部门专用）　　　　　　NO：

填制日期　　年　月　日　　　　　　　　　　执收单位名称：

缴款人：　　　　　　　　　　　　　　　　　执收单位编码：

项目编码	项目名称	单位	数量	收费标准	金额
合计金额人民币(大写)				（小写）	

第二联　执收单位给缴款人的收据

校验码：　　　　　　制单：

（二）原始凭证的基本内容

原始凭证必须具备的内容：

1. 凭证名称；

2. 填制凭证的日期；

3. 出具凭证者的单位印章或个人签名并盖章；

4. 经办人员的签名或盖章；

5. 接受凭证单位的全称；

6. 交易或事项的内容、数量、单价和金额；

7. 法律法规和会计制度规定的其他内容。

(三)原始凭证的填制要求

原始凭证是进行会计核算的重要依据,为了保证原始凭证能够正确、及时、清晰地反映交易或事项的真实情况,填制原始凭证必须符合下列基本要求:

1. 真实可靠、内容完整。

原始凭证所填列的经济业务内容和数字,必须真实可靠,符合实际情况。原始凭证所要求填列的项目必须逐项填列齐全,不得遗漏和省略。

凡填有大写和小写金额的原始凭证,大写与小写金额必须相符。购买实物的原始凭证,必须有验收证明。支付款项的原始凭证,必须有收款单位和收款人证明。

2. 填制及时。

经济业务发生或完成时,要立即填制原始凭证,做到不积压、不误时、不事后补制。

3. 手续要完备。

(1)单位自制的原始凭证必须有经办单位负责人或者其他指定人员签名或盖章；

(2)对外开出的原始凭证,必须加盖本单位公章；

(3)从外单位取得的原始凭证,必须盖有填制单位的公章；

(4)从个人取得的原始凭证,必须有填制人员的签名或者盖章。

4. 书写要清楚、规范。

(1)阿拉伯数字应当一个一个地写,不得连笔写。阿拉伯数字金额前面应当书写货币币种符号或货币名称简写和币种符号;币种符号与阿拉伯数字金额之间不得留有空白;凡阿拉伯数字前写有币种符号的,数字后面不再写货币单位。

(2)所有以元为单位(其他货币种类则采用货币基本单位,下同)的阿拉伯数字,除表示单价等情况外,一律填写到角分;无角分的,角位和分位可写"00",或者符号"－";有角无分的,分位应当写"0",不能用符号"－"代替。

(3)汉字大写数字金额如零、壹、贰、叁、肆、伍、陆、柒、捌、玖、拾、佰、仟、万、亿等,一律用正楷或者行书体书写,不能用○、一、二、三、四、五、六、七、八、九、十等简化字代替,不得任意自造简化字。大写金额数字到元或者角为止的,在"元"或者"角"字之后应当写"整"字或者"正"字;大写金额数字有分的,分字后面不写"整"或者"正"字。

(4)大写金额数字前未印有货币名称的,应当加填货币名称,货币名称与金额数字之间不得留有空白。

(5)阿拉伯金额数字中间有"0"时,汉字大写金额要写"零"字;阿拉伯数字金额中间连续有几个"0"时,汉字大写金额中可以只写一个"零"字;阿拉伯金额数字元位是"0",或者数字中间连续有几个"0"、元位也是"0"但角位不是"0"时,汉字大写金额可以只写一个"零"字,也可以不写"零"字。比如,"￥210 065.30"对应的大写金额为"人民币贰拾壹万零陆拾伍元叁角整"。

5.一式几联的原始凭证,应当注明各联次的用途,只能以一联作为报销凭证。一式几联的发票和收据,必须用双面复写纸(发票和收据本身具备复写纸功能的除外)套写,并连续编号。作废时应当加盖"作废"戳记,连同存根一起保存,不得撕毁。

6.原始凭证不得涂改、挖补。发现原始凭证有错误的,应当由开出单位重开或者更正,更正处应加盖开出单位的公章。

(四)原始凭证的审核

原始凭证的审核是一项政策性很强的工作,也是十分细致和严肃的工作,财会部门和会计人员必须坚守制度、坚持原则。

1.审核原始凭证的合理性和合法性。

审核原始凭证所记录的交易或事项的内容与有关的计划、预算或合同是否相符,费用开支是否符合规定的标准;交易或事项是否符合有关法律、法令、政策、制度等法律法规的规定,是否有弄虚作假、违法乱纪、贪污舞弊的行为;交易或事项的内容是否符合规定的审批权限和手续。

2.审核原始凭证的合规性。

即审核原始凭证的填制是否符合原始凭证的基本要求,如数字计算是否正确,大小写金额是否相符,有无涂改,数字和文字书写是否清晰,有关盖章是否齐全等。

对于内容不完整、手续不齐备、书写不清楚、计算有错误的原始凭证,应退回有关部门和人员,及时更正、补办。对不合法、不真实的原始凭证,不予受理,并向单位负责人报告。

二、现金收款业务的记账凭证

记账凭证,是财会部门根据审核无误的原始凭证及其有关资料填制的,确定会计分录并作为登记账簿依据的会计凭证。

(一)记账凭证的基本内容

记账凭证必须具备的内容包括:

1.记账凭证的名称;

2.填制凭证的日期和凭证编号;

3.交易或事项内容摘要;

4.会计科目的名称、金额、方向;

5. 所附原始凭证的张数；

6. 填制凭证人员、稽核人员、记账人员、会计机构负责人、会计主管人员签名或盖章。收款和付款记账凭证还应当由出纳人员签名或者盖章。

(二)记账凭证的填制要求

记账凭证填制正确与否直接影响到整个会计核算过程，填制记账凭证时，应遵循如下基本要求：

1. 填制记账凭证时，应对记账凭证连续编号。一笔交易或事项需要填制两张以上记账凭证的，可以采用分数编号法编号。如第6笔交易或事项需要填制两张记账凭证，两张凭证的编号分别为6 1/2和6 2/2。

2. 记账凭证可以根据每一张原始凭证填制，或者根据若干张同类原始凭证汇总填制等。但不得将不同内容和类别的原始凭证汇总填制在一张记账凭证上。

3. 正确、简明填写"摘要"栏。"摘要"栏是对凭证所反映交易或事项的简要说明，要做到言简意赅。

4. 除结账和更正错误的记账凭证可以不附原始凭证外，其他记账凭证必须附有原始凭证。如果一张原始凭证涉及几张记账凭证，可以把原始凭证附在一张主要的记账凭证后面，并在其他记账凭证上注明附有该原始凭证的记账凭证的编号或者附原始凭证复印件。

5. 记账凭证填制完交易或事项后，如有空行，应当自金额栏，最后一笔金额数字下的空行处至合计数的空行处画线注销。

(三)记账凭证的填制

记账凭证按其反映的经济业务不同，分为收款凭证、付款凭证和转账凭证。

收款凭证是根据现金、银行存款收款交易或事项的原始凭证填制的，其一般格式见表2-6。收款凭证摘要栏应简要写明交易或事项的内容；借方科目处应填写"库存现金"或"银行存款"科目；贷方科目栏应与借方科目相对应的总账科目及其明细科目；金额栏填写与贷方科目相对应的金额数；贷方各科目金额合计即为借方科目金额。根据收款凭证记账后，在"记账"栏画"√"，表示已经入账。

付款凭证和转账凭证的填制可参见任务二。

(四)记账凭证的审核

记账凭证是账簿登记的直接依据，为了保证账簿记录的正确性，记账前必须对已编制的记账凭证进行审核。记账凭证的审核内容主要有：

1. 对所附的原始凭证进行复核，主要是复核原始凭证的合法性、真实性、完整性与正确性。

2. 记账凭证所附的原始凭证是否齐全，记账凭证的内容与所附原始凭证的内容是否一致，金额是否相等。

3. 记账凭证上所确定的会计分录是否正确，其主要检查所用科目是否正确；应借、应贷的金额是否一致;账户对应关系是否清晰等。

4.内容填制是否完备,是否符合记账凭证的填制要求。

在审核过程中若发现记账凭证有错误,应重新填制。只有经过审核无误的记账凭证,才能作为记账的依据。

三、现金收款业务的基本流程

各单位的现金收入有多种来源,为了防止差错和引起纠纷,收入现金手续必须严格。其一般程序是:

(一)出纳员在办理收款业务时,对于其他岗位开具的收入凭证,如销售会计开具的发票,出纳应对该凭证进行审核,确定该项交易或事项是否真实、合法,凭证反映的产品数量、单价、金额等是否有误,有无刮擦涂改现象,有无有关领导的签字或盖章等;

(二)出纳员审核无误后,就可以点收交来的现金;收妥现金后,在现金收款原始凭证上加盖"现金收讫"戳记;并开出"收款收据",将收据联交给交款人;

(三)出纳员将收据的记账联传给制单员,据以编制记账凭证。

四、现金送存银行

按照规定,各单位在其日常现金收支业务中,除了按规定可以坐支的现金和非业务性零星收入收取的现金可以用于补足库存现金限额不足外,其他业务活动取得的现金以及超过库存现金限额的现金都必须按规定于当日送存银行。当日送存银行确有困难的,由开户银行确定送存时间。送存现金的基本程序为:

(一)整理现金

各单位出纳员在将现金送存银行之前,为了便于银行柜台清查现金,提高工作效率,应对送存现金进行分类整理,其整理的方法为:

纸币应按照票面金额(即券别)分类整理。纸币可分为主币和辅币,主币包括100元、50元、10元、5元、2元和1元,辅币包括5角、2角、1角。出纳员应将各种纸币打开铺平,然后按币别每100张为一把,用纸条和橡皮筋箍好,每10把扎成一捆,比如100元券的纸币一把即为10000元,一捆即为100000元;10元券一把即为1000元,一捆即为10000元。不满100张的,从大到小平摊摊放。

铸币包括1元、5角、1角、5分、2分、1分(分币也可暂不送银行,作流通用)。铸币也应按币别整理,同一币别每100枚为一卷,用纸包紧卷好,每十卷为一捆。例如5角的铸币每一卷即为50元,每一捆即为500元。不满50枚的硬币,也可不送,或用纸包好另行存放。

残缺破损的纸币和已经穿孔、裂口、破缺、压强、变形以及正面的国徽,背面的数字模糊不清的铸币,应单独剔出,另行包装,整理方法与前同。

(二)填写现金交款单

现金整理完后,出纳员应根据整理后的金额填写现金交款单。现金交款单一般一式两联,第一联为回单,此联由银行盖章后退回存款单位;第二联为收款凭证,收款人开户银行做记账凭证,其格式见表2-5。

表2-5 中国工商银行现金交款单(回单)

2020年6月5日

单位填写	收款单位	烟台蓝白食品有限公司	款项来源	销货款										第一联 客户回单
	账号	140602007698	交款人											
	人民币(大写)	陆佰柒拾捌圆整		十万	千	百	十	万	千	百	十	元	角	分
									¥	6	7	8	0	0
银行确认栏			中国工商银行黄务支行 2020.06.05 现金收讫										

出纳员在填写现金交款单时,必须注意以下几点:

1. 交款日期必须填写缴款的当日;

2. 收款单位名称应填写全称;

3. 款项来源要如实填写;

4. 大小写金额的书写要标准。

(三)送存交款

出纳员按规定整理现金并填写"现金交款单"后,应将现金连同"现金交款单"一起送交银行对公业务柜台的收款员。在交款时,送款人必须同银行柜台收款员当面交接清点。经柜台收款员清点无误后,银行按规定在现金交款单上加盖"现金收讫"银行印章后,将"回单联"退还给送款人,送款人在接到"回单联"后应当即进行检查,确认为本单位交款回单,而且银行有关手续已经办妥后方可离开柜台。

【任务实施】

1. 收到职工王朔因违反公司规定给予的罚款400元;

出纳任巧巧首先应按照公司规定,确定应收王朔的罚款金额,然后收取款项,开出一式三联的"收款收据"(见表2-3),将据联交给王朔,在记账联上加盖"现金收讫"章,并传给制单员宋欣欣编制收款凭证,见表2-6。

表 2-6

收 款 凭 证

借方科目:库存现金　　　　　　2020 年 6 月 5 日　　　　　　现收字 001 号

摘　要	应贷科目		记账✓	金　额								
	一级科目	明细科目		百	十	万	千	百	十	元	角	分
收王朔罚款	其他应收款	王朔						4	0	0	0	0
合　　计							¥	4	0	0	0	0

财务主管　　　记账　　　出纳:任巧巧　　　复核　　　　　制单:宋欣欣

附件壹张

2. 公司向烟台南通建筑公司销售产品一批,价款 600 元,增值税额 78 元,收到现金 678 元。

出纳员任巧巧应先审核"增值税专用发票"(见表 2-2)及相关资料,审核无误后收妥款项,并开出收款收据(见表 2-7),将收据联交给购货方,在记账联上加盖"现金收讫"章,并传给制单员宋欣欣。制单员根据销售发票、收款收据等编制收款凭证,见表 2-8。

表 2-7

收 款 收 据

2020 年 6 月 5 日　　　　　　　　　　第　　号

今收到　　烟台南通建筑公司

交来　　销货款

人民币(大写)陆佰柒拾捌圆整　　　　　¥678.00

现金收讫

烟台蓝白食品有限公司　财务专用章

单位印章:　　　单位负责人:　　　会计主管:于洋　　　经手人:任巧巧

第三联　会计凭证

表 2-8

收 款 凭 证

借方科目:库存现金　　　　　　2020 年 6 月 5 日　　　　　　现收字 002 号

摘　要	应贷科目		记账✓	金　额								
	一级科目	明细科目		百	十	万	千	百	十	元	角	分
销售产品	主营业务收入							6	0	0	0	0
	应交税费	应交增值税(销项税额)							7	8	0	0
合　　计							¥	6	7	8	0	0

财务主管　　　记账　　　出纳:任巧巧　　　复核　　　　　制单:宋欣欣

附件贰张

任务二　现金支付业务

【任务目标】

通过本次任务学习,学生能说出付款业务的基本流程,识读现金付款业务的原始凭证,能够办理现金借款、报销等付款业务。

【任务导入】

烟台蓝白食品有限公司属增值税一般纳税人,纳税人登记号370602195013992,法人代表王杰芳,财务部长于洋,出纳员任巧巧,制单员宋欣欣。开户银行:工商银行黄务支行,账号140602007698,地址:烟台市芝罘区机场路588号。

2020年6月5日,该公司发生如下的现金交易或事项:

1. 职工陈红报销托儿费735元,以现金支付。

2. 供应科黎明到太原出差预借3600元,以现金支付。

3. 将当日销货款702元,送存开户银行(现金交款单见表2-5)。

4. 供应科王军报销差旅费2138元,结清原借款2000元。

请问,上述交易或事项发生时,需要取得或填制哪些原始凭证?会计人员如何编制记账凭证?

【相关知识】

一、现金支付业务的原始凭证

办理现金付款业务时,企业必须填制或取得原始凭证。常见原始凭证有以下几种:

1. 工资结算单

工资结算单是各单位按月向职工支付工资的原始凭证,各单位可自行设计印制,格式参见表2-9。出纳人员按每个员工的工资计算工资总额,并办理工资发放。

表2-9

工资结算单

年　　月

单位:元

姓名	岗位工资	绩效工资	加班补贴	扣缺勤工资	应付工资	代扣款项			实发工资
						社会保险	住房公积金	个人所得税	
……									
合计									

2. 报销单

报销单是单位内部有关人员为单位购买零星物品,接受外单位或个人劳务或服务而办理报销业务以及单位职工报销医药费、托儿费等使用的单据。托儿费报销单格式见表2-10。

表2-10 山东省幼儿园收费专用票据(电子)

票据代码:37020 票据号码:0600056686

交款人统一社会信用代码: 校验码:86543b

交款人:王子涵 开票日期:2020年6月4日

项目编码	项目名称	单位	数量	标准	金额	备注
1030427620	公办幼儿园保教费、住宿费	元	2.0	680.00	1360.00	
金额合计(大写)壹仟叁佰陆拾元整				(小写)1360.00		
其他信息						

收款单位(章):烟台市市级机关幼儿园　　　复核人:孔甜甜　　　收款人:孔甜甜

3. 借款借据

一般适用于单位内部所属机构为购买零星办公用品或职工因公出差等原因向单位财务部门借款的凭证。各单位可自行设计印制,格式参见表2-11。

表2-11 借款单

2020年6月5日

部门	销售科	借款事由	参加商品展销会
借款金额	金额(大写)叁仟陆佰元整	¥3600.00	现金付讫
批准金额	金额(大写)叁仟陆佰元整	¥3600.00	
领导	王杰芳　　财务主管	于洋　　借款人	黎明

4. 差旅费报销单

差旅费报销单是单位出差人员按照车票、飞机票、住宿发票等外来原始凭证填制的,用来报销差旅费和出差补贴费的原始凭证,格式参见表2-12。

表 2 - 12 　　　　　　　　　差旅费报销单

2020 年 6 月 5 日

部门	供应科	出差人	王军	携同人员	1	附件	12
出差事由	采购	到达地点	抚顺	出差时间	\multicolumn{3}{l}{2020.06.01 - 2020.06.04}

项目金额	\multicolumn{5}{c}{交通工具}	住宿费	出差补助	其他
	飞机	火车	轮船	汽车	市内交通	800.00	200.00	
			626	462	50			

总计人民币	\multicolumn{4}{l}{金额(大写)贰仟壹佰叁拾捌元整　　　¥2138.00}
原借款金额	¥2000.00	报销金额	¥2138.00	交结余或超支金额	¥ -138.00
单位负责人意见:王杰芳		财务主管审批	于洋		
出纳:任巧巧		报销人签字	王军	现金付讫	

注:原始单据略

二、现金支付业务的记账凭证

现金支付业务涉及的记账凭证主要是付款凭证,但有些交易或事项,如差旅费的报销等,可能涉及付款凭证和转账凭证。

(一)付款凭证的填制

付款凭证是根据现金、银行存款付款交易或事项的原始凭证填制,其一般格式见表 2 - 13。付款凭证摘要栏应简要写明交易或事项的内容;贷方科目栏应填写"库存现金"或"银行存款"科目;借方科目栏应填写与贷方科目相对应的总账科目及其明细科目;金额栏填写与借方科目相对应的金额数;借方各科目金额合计即为贷方科目金额。根据付款凭证记账后,在"记账符号"栏画"√",表示已经入账。

对于现金和银行存款之间相互化转的事项,一般只填付款凭证,而不再填制收款凭证。如从银行提取现金,只填银行存款付款凭证;将现金送存银行,只填现金付款凭证,目的是为了避免重复记账。

(二)转账凭证的填制

转账凭证是根据不涉及现金、银行存款收付交易或事项的原始凭证填制,其一般格式见表 2 - 17。

转账凭证摘要栏应简要写明交易或事项的内容;科目栏分别填列交易或事项所涉及的总账科目及其所属明细科目,借方科目在上,贷方科目在下。金额栏分别填列与会计科目相对应的金额数,借方金额合计应与贷方金额合计相等。根据转账凭证记账后,在"记账符号"栏画"√",表示已经入账。

(三)记账凭证附件张数的计算和填写

记账凭证一般应附有原始凭证,并注明其张数。凡属收、付款业务的记账凭证都必须有附件;职工出差借款的借据必须附在记账凭证上,收回借款时应另开收据或退还经出纳(收款人)签名的借款结算联;转账业务中,除摊提性质的交易或事项外也应有附件。附件的张数一般用阿拉伯数字填写。

记账凭证张数计算的原则是:没有经过汇总的原始凭证,按自然张数计算,有一张算一张;经过汇总的原始凭证,每一张汇总单或汇总表算做一张。财会部门编制的原始凭证汇总表,一般也作为附件处理,原始凭证汇总表连同其所附的原始凭证算在一起作为一张附件填写。但是,属于收、付款业务的,则应把汇总表及所附的原始凭证或说明性质的材料均算在其张数内,有一张算一张。

当一张或几张原始凭证涉及几张记账凭证时,可将原始凭证附在其中一张主要的记账凭证后面,并在摘要栏内注明"本凭证附件包括××号记账凭证业务"字样,在其他有关记账凭证的摘要栏内注明"原始凭证附于××号记账凭证后面"或"原件见××号记账凭证"的字样。

三、现金支付业务的基本流程

企业在经营活动中经常会发生现金支出业务,为尽量减少发生差错、偷盗、舞弊等机会,现金支出手续必须严格。现金支付可以分为被动支付和主动支付两种情形。

(一)主动支付现金的处理程序

主动支付是指出纳部门主动将现金付给收款单位和个人。如发放工资、奖金、津贴以及福利支出等。其具体程序如下:

1. 根据有关资料或文件编制付款单,并计算出付款金额;

2. 根据付款金额清点现金,不足时从银行提取;

3. 发放现金时,要让领款人当面清点现金,并签收(签字或盖章);

4. 在付款单据上加盖"现金付讫"戳记;

5. 将付款单据交制单员,据以编制记账凭证;

6. 根据记账凭证登记现金日记账。

(二)被动支付现金的处理程序

被动支付是指收款单位和个人持有关凭证到出纳部门领取现金,出纳人员根据相关规定和凭证支付现金。如费用的报销、差旅费的预借等。其具体程序如下:

1. 受理原始凭证,如报销单据、收款收据等;

2. 审核原始凭证,审核相关内容是否齐全,手续是否完备,是否符合付款标准;

3. 支付现金并进行复点,要求收款人当面点清,以免发生纠纷;

4. 付款后,出纳员要在原始凭证上加盖"现金付讫"的戳记;

5. 出纳员将现金支付的原始凭证传给制单员,据以编制记账凭证;

6.根据记账凭证登记现金日记账。

【任务实施】

1.职工陈红报销托儿费735元,以现金支付。

出纳员任巧巧应先审核"托儿费报销单"(见表2-10),无误后付出现金,在托儿费报销凭证上加盖"现金付讫"专用章,并将该凭证传制单员,据以编制付款凭证(见表2-13)。

表2-13

付 款 凭 证

贷方科目:库存现金　　　　　　　2020年6月5日　　　　　　　现付字001号

摘　要	应借科目		记账√	金　额								
	一级科目	明细科目		百	十	万	千	百	十	元	角	分
报销托儿费	应付职工薪酬	职工福利					7	3	5	0	0	
合　　计							¥	7	3	5	0	0

附件壹张

财务主管　　　记账　　　出纳:任巧巧　　　复核　　　　制单:宋欣欣

2.职工黎明到太原出差预借款项3600元,以现金支付。

出纳员任巧巧收到黎明交来的"借款单"(见表2-11),应审核有关人员签章是否齐全等,审核无误后,付出现金3600元,并在借款单上加盖"现金付讫"章,制单员据以编制付款凭证(见表2-14)。

表2-14

付 款 凭 证

贷方科目:库存现金　　　　　　　2020年6月5日　　　　　　　现付字002号

摘　要	应借科目		记账√	金　额								
	一级科目	明细科目		十	万	千	百	十	元	角	分	
预借差旅费	其他应收款	黎明			3	6	0	0	0	0		
合　　计					¥	3	6	0	0	0	0	

附件壹张

财务主管　　　记账　　　出纳:任巧巧　　　复核　　　　制单:宋欣欣

3.将当日销货款702元,送存开户银行。

出纳任巧巧将当日销货款送存开户行,审核银行退回的"现金交款单"(见表2－5),无误后交制单员,据以编制付款凭证(见表2－15)。

表2－15　　　　　付　款　凭　证

贷方科目:库存现金　　　　　　2020年6月5日　　　　　　现付字003号

摘　要	应借科目		记账√	金　额						
	一级科目	明细科目		十	万	千	百	十	元	角	分
当日销货款存入银行	银行存款						7	0	2	0	0
合　　计							¥	7	0	2	0	0

财务主管　　　记账　　　出纳:任巧巧　　复核　　　　制单:宋欣欣

4.供应科王军报销差旅费2138元,结清原借款2000元。

出纳任巧巧收到王军交来的"差旅费报销单"(见表2－12),应将报销单内容与原借款单填写的用途进行对比,审核所附原始凭证是否合理、合法,金额计算是否正确,有关人员签章是否齐全等,审核无误后付出现金138元,同时在报销单中加盖"现金付讫"章,并交制单员。制单员根据差旅费报销单编制付款凭证(见表2－16)、转账凭证(见表2－17)。

表2－16　　　　　付　款　凭　证

贷方科目:库存现金　　　　　　2020年6月5日　　　　　　现付字004号

摘　要	应借科目		记账√	金　额						
	一级科目	明细科目		十	万	千	百	十	元	角	分
报差旅费付出现金	管理费用	差旅费						1	3	8	0	0
原始凭证附于转											
字1号凭证后面											
合　　计								¥	1	3	8	0	0

财务主管　　　记账　　　出纳:任巧巧　　复核　　　　制单:宋欣欣

表2－17

转 账 凭 证

2020 年 6 月 5 日　　　　　　　　转字第 001 号

摘　要	总账科目	明细科目	借方金额							贷方金额						
			万	千	百	十	元	角	分	万	千	百	十	元	角	分
报销差旅费	管理费用	差旅费		2	0	0	0	0	0							
本凭证附件包括现	其他应收款	王军									2	0	0	0	0	0
付字4号凭证业务																
合　计			¥	2	0	0	0	0	0	¥	2	0	0	0	0	0

附件 13 张

财务主管：　　记账：　　出纳:任巧巧　　复核：　　　制单:宋欣欣

任务三　现金日记账的登记与核对

【任务目标】

通过本次任务的学习,学生能够明确现金日记账的登记依据和程序,并能准确地开设、登记现金日记账。

【任务导入】

2020 年 12 月 31 日,烟台华兴石材公司现金日记账余额为 1723.50 元,2021年 1 月 1 日,有关现金收付业务的记账凭证如下:

表2－18

付 款 凭 证

贷方科目:银行存款　　　　2021 年 1 月 1 日　　　　　　银付字 001 号

摘　要	应借科目		记账√	金　额								
	一级科目	明细科目		百	十	万	千	百	十	元	角	分
提现金备用	库存现金						1	2	0	0	0	0
合　计						¥	1	2	0	0	0	0

附件壹张

财务主管　　记账　　出纳:李梅　　复核　　　制单:刘杰

表2-19

付 款 凭 证

贷方科目:库存现金　　　　　2021年1月1日　　　　　现付字001号

摘　要	应借科目		记账√	金　额								
	一级科目	明细科目		百	十	万	千	百	十	元	角	分
预借差旅费	其他应收款	李红					2	0	0	0	0	0
合　计						¥	2	0	0	0	0	0

财务主管　　　记账　　　出纳:李梅　　　复核　　　　制单:刘杰

附件壹张

表2-20

付 款 凭 证

贷方科目:库存现金　　　　　2021年1月1日　　　　　现付字002号

摘　要	应借科目		记账√	金　额								
	一级科目	明细科目		百	十	万	千	百	十	元	角	分
付办公用品费	管理费用	办公费						1	6	0	0	0
合　计							¥	1	6	0	0	0

财务主管　　　记账　　　出纳:李梅　　　复核　　　　制单:刘杰

附件壹张

表2-21

收 款 凭 证

借方科目:库存现金　　　　　2021年1月1日　　　　　现收字001号

摘　要	应贷科目		记账√	金　额								
	一级科目	明细科目		百	十	万	千	百	十	元	角	分
销售产品	主营业务收入							6	0	0	0	0
	应交税费	应交增值税 (销项税额)							7	8	0	0
合　计							¥	6	7	8	0	0

财务主管　　　记账　　　出纳:李梅　　　复核　　　　制单:刘杰

要求:出纳员根据上述资料开设现金日记账,根据收、付款凭证登记现金日记账。

【相关知识】

一、会计账簿的基本内容

在实际工作中,由于各种账簿所记录的经济业务不同,账簿的格式也多种多样,但各种账簿都应具备以下内容:

1.封面。主要用以载明账簿的名称。如现金日记账、银行存款日记账等。

2.扉页。主要列明科目索引、账簿启用和经管人员一览表,格式见图2-1所示。

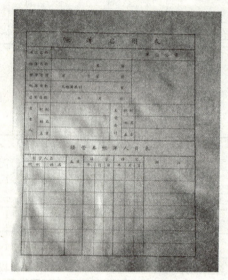

图2-1　账簿启用表

3.账页。账页是账簿的主要内容,一般包括以下几个方面:

(1)账户名称;

(2)日期栏,记录登账日期;

(3)凭证号栏,登记记账凭证的种类和编号;

(4)摘要栏,登记交易或事项的基本内容;

(5)借方、贷方的金额以及余额的金额、方向;总页次和分户页次。

二、会计账簿的设置和启用

(一)会计账簿的设置

各单位应根据交易或事项的特点和管理要求,科学、合理地设置账簿。出纳主要负责日记账的设置与登记。

日记账可以分为现金日记账和银行存款日记账,一般采用订本式账簿,其账页的格式如表2-23所示,其基本结构是设置"收入""支出""结余"或"借方""贷方""余额"三个金额栏,称为三栏式日记账。

（二）会计账簿的启用

为了保证账簿资料的严肃性和合法性，明确记账责任，启用会计账簿时，应当在账簿封面上写明单位名称和账簿名称。在账簿扉页上应当附账簿启用表，内容包括：单位名称、账簿名称、账簿册数、账簿共计页数、启用日期、企业负责人、主管会计人员、记账人员姓名并加盖名章和单位公章。记账人员调动工作时，应当注明交接日期、接管人员或者监交人员姓名，并由交接双方人员签名或者盖章。

三、现金日记账的登记

（一）会计账簿登记的基本要求

会计人员应当根据审核无误的会计凭证登记账簿，登记账簿的基本要求是：

1. 登记账簿时，应当将记账凭证日期、编号、业务内容摘要、金额和其他有关资料逐项记入账内，做到数字准确、摘要清楚、登记及时、字迹工整。

2. 登记完毕后，要在记账凭证上签名或盖章，并注明已经登账的符号，表示已经记账。

3. 账簿中书写的文字和数字上面要留有适当空格，不要写满格，一般应占格距的二分之一。

4. 登记账簿要用蓝黑墨水书写，不得使用铅笔或圆珠笔记账。

5. 记账时应按页次顺序逐页连续登记，不得跳行、隔页。如果发生跳行、隔页，应在空行、空页处画对角线注销，或者注明"此行空白"或"此页空白"字样，并由记账人员签名或者盖章。

6. 凡需结出余额的账户，结出余额后，应在"借或贷"栏内写明"借"或"贷"的字样。没有余额的账户，应在该栏内写"平"字，并在余额栏"元"位上用"θ"表示。现金日记账或银行存款日记账必须逐日登记并结出余额。

7. 每一账页登记完毕结转下页时，应当结出本页合计数及余额，写在本账页的最末一行和下一页的第一行有关栏内，并在"摘要"栏内注明"过次页"和"承前页"字样，以保证账簿记录的连续性。

8. 记账除结账、改错、冲销账簿记录外，不能用红色墨水。

9. 订本式的账簿都编有账页的顺序号，不得任意撕毁。

（二）现金日记账的登记

为了全面、系统、连续、详细地反映有关现金的收支情况，企业应设置"现金日记账"（见表2–23），由出纳人员根据审核无误的收、付款凭证，按照业务发生的先后顺序逐日逐笔进行登记。每日终了，根据"上日余额＋本日收入－本日支出＝本日余额"的计算公式，逐日结出现金余额，并将结余数与实际库存现金数进行核对，保证账款相符。如果发生账款不符，应及时查明原因，并进行处理。月份终了，"现金日记账"的余额应与"库存现金"总账的余额核对，做到账账相符。

四、现金日记账的核对

为了使现金日记账的账面记录完整和准确,使其与有关的账目、款项相符,出纳员在收付现金后,要及时入账,并且按照一定的程序进行对账。

（一）现金日记账与现金收付款凭证核对

收付款凭证是登记现金日记账的依据,账目和凭证应该是一致的。但是,在记账过程中,由于人为原因,往往会发生重记、漏记、记错方向或记错数字等情况,因此需要进行账证核对。检查中如发现差错,要立即按规定的方法更正,确保证、账一致。核对的内容主要有:

1. 复查记账凭证与原始凭证是否完全相符;

2. 核对凭证编号;

3. 核对证、账金额方向是否一致。

（二）现金日记账与现金总分类账的核对

现金日记账是由出纳员依据是收、付款记账凭证登记的,现金总分类账一般是由其他会计人员根据收、付款汇总凭证登记的,两者的登账依据不同,但记账的结果应该是相同的。由于两种账簿是由不同人员登记的,在记账过程中难免出现差错,因此,出纳必须定期与总账会计进行核对,查看账账之间是否完全相符。如果不符,应先查出差错在哪儿,然后按规定的方法更正,做到账账相符。

（三）现金日记账与库存现金的核对

为了确保账实相符,应对现金进行清查。现金清查包括两部分内容:其一是出纳人员每日营业终了进行账款核对;其二是清查小组进行定期或不定期的盘点和核对。现金清查的方法采用实地盘点法。

对现金实存额进行盘点,必须以现金管理的有关规定为依据。对现金进行账实核对,如发现账实不符,应立即查明原因,及时更正,对发生的长款或短款,应查找原因,并按规定进行处理,不得以今日长款弥补他日短款。现金清查和核对后,应及时编制"库存现金盘点报告表",表中列明现金账存额、现金实存额、差异额及其原因,对无法确定原因的差异,应及时报告有关负责人。

表 2－22　　　　　　　　库存现金盘点报告表

单位名称:某企业　　　　　　　2020 年 12 月 31 日

实存金额	账存金额	对比结果		备注
		盘盈	盘亏	
1400.00	1300.00	100.00		

盘点人:张明　　　　　　　　　出纳员（签章）:王芳

现金清查中发现的长款或短款,应根据"现金盘点报告表"进行处理,以确保账实相符,并对长、短款做出处理。现金长款、短款一般先通过"待处理财产损溢——待处理流动资产损溢"账户进行核算,待查明原因后,再根据不同原因及处理结果,将其转入有关账户。

例:某企业发生的有关现金清查业务如下:

(1)企业进行现金清查,发现长款 100 元,"库存现金盘点报告表"(见表 2 - 22),原因待查。

借:库存现金　　　　　　　　　　　　　　　　　　100
　　贷:待处理财产损溢——待处理流动资产损溢　　　　　　100

(2)经反复核查,仍无法查明长款的具体原因,单位领导批准,将其转为企业的营业外收入。

借:待处理财产损溢——待处理流动资产损溢　　　　100
　　贷:营业外收入　　　　　　　　　　　　　　　　　　100

(3)现金清查中发现现金短款 50 元。

借:待处理财产损溢——待处理流动资产损溢　　　　50
　　贷:库存现金　　　　　　　　　　　　　　　　　　　　50

(4)经核查上述现金短款,系出纳人员责任造成,应由出纳赔偿,向出纳人员发出赔偿通知书。

借:其他应收款——出纳员　　　　　　　　　　　　50
　　贷:待处理财产损溢——待处理流动资产损溢　　　　　50

【任务实施】

出纳员根据烟台华兴石材公司 2021 年 1 月 1 日有关现金收、付款业务的记账凭证,逐笔登记现金日记账并加计发生额合计数,登记结果如下:

表 2 - 23　　　　　　　　　　　　　　现金日记账

| 2021 年 | | 凭证 | | 摘要 | 对方科目 | 收入 | 支出 | 结余 |
月	日	种类	号数					
1	1			上年结转				1723.50
	1	银付	001	提现金备用	银行存款	1200		
	1	现付	001	李红预支差旅费	其他应收款		2000	
	1	现付	002	付办公用品费	管理费用		160	
	1	现收	001	销售产品	主营业务收入等	702		
	1			本日合计		1902	2160	1465.50

任务四　库存现金的管理

【任务目标】

通过本次任务的学习,主要了解现金的管理内容,明确现金的开支范围及有价证券的管理内容,熟悉现金内部控制制度。

【任务导入】

兴达公司是一家批零兼营的商品流通企业,商品销售除一部分为现金销售外,大部分采用赊销方式。2019年6月,新任领导上任后,做出了精减内部机构的决定,以会计业务不多为由,辞退了原来负责账务处理和报表编制的一名会计,将所有财会业务交由出纳员李明一人办理。

随后一年多,报表显示公司经营业绩良好,但银行存款却逐渐下降,为满足流动资金的需要,公司短期借款越来越多。2020年9月,李明突然提出辞职后不知去向,而不断有债权人要求偿还到期和逾期债务。公司向客户催收货款,但多数客户称货款早已偿还,并有支付单据为证。于是,公司聘请注册会计师对过去的账目进行审计,结果发现李明利用各种手段贪污公款,其具体做法是:

1. 公司发生现货销售时,不记收入或少记收入,私吞现金。

2. 公司赊销商品时,借记应收账款,但客户还款时,不作记录;或借记费用科目,贷记应收账款,窃取现金。

3. 虚构费用单据,支取现金。

4. 编制银行存款余额调节表时,漏列有关未达账项,虚构账实一致的假象。

请分析企业存在这些情况的原因是什么? 企业如何加强内部控制,以防止上述舞弊事件的发生?

【相关知识】

一、库存现金管理的基本内容

(一)现金的使用范围

根据国务院颁布的《现金管理暂行条例》的规定,企业可以在下列范围内使用现金:

1. 职工工资、津贴;

2. 个人劳务报酬;

3. 根据规定颁发给个人的科学技术、文化艺术、体育等各种奖金;

4. 各种劳保、福利费用及国家规定的对个人的其他支出;

5. 向个人收购农副产品和其他物资的款项;

6.出差人员必需随身携带的差旅费；

7.结算起点(1000元人民币)以下的零星支出；

8.中国人民银行确定需要支付现金的其他支出。

除上述情况外,其他款项的支付均应通过银行转账结算。

(二)现金的库存限额规定

现金的库存限额是指为保证企业日常零星开支的需要,允许企业留存现金的最高数额。现金的库存限额,由开户银行根据开户单位的实际需要和距离银行远近等情况,由企业与银行协商核定。其限额一般按照单位3—5天日常零星开支所需现金确定。边远地区或交通不便地区,银行最多可以根据企业15天的正常开支需要量来核定现金的库存限额。库存限额一经核定,要求企业必须严格遵守,不能任意超过,超过限额的现金应及时存入银行。库存现金低于限额时,可以签发现金支票从银行提取现金,补足限额。

(三)坐支现金的有关规定

坐支,是指从单位的现金收入中直接用于支付各种开支。各单位在经营活动中收入的现金,应在当日送存银行,同时,还要在"现金交款单"中注明款项的来源;需要支取现金的,可在限额内向银行提取。

实务中,有些单位业务经营确实需要坐支现金的,可以事先向开户银行提出申请,在开户单位批准的坐支范围内,才能坐支现金,并定期向开户银行报告坐支额和使用情况。按照有关规定,允许坐支的单位主要有：

1.基层供销社、食品店、粮店、委托商品销售兼营收购的单位,向个人收购支付的款项；

2.邮局以汇兑收入款支付个人汇款；

3.医院以收入款项退还病人的住院押金、伙食费及支付输血费等；

4.饮食店等服务行业的营业找零款项等；

5.其他有特殊情况而需要坐支的单位。

二、库存现金的内部控制制度

现金是企业资产中流动性最强的一种货币性资产,加强对其管理和控制,尽量减少发生差错、偷盗、舞弊等的机会,对于保障企业资产安全完整,提高现金周转速度和使用效率,具有非常重要的意义。一般说来,企业对现金收支的管理和控制应当包含以下几个方面的内容：

1.建立授权审批制度

(1)明确现金开支界限

单位现金开支界限主要包括以下两个方面：

①应当在现金管理规定的范围内支付现金,办理现金结算；

②应当保证现金支出的安全性，如职工个人的借款不能超过其应付职工薪酬金额，个人医药费用的报销不能超过规定的标准；个人探亲假的补助不能超过规定的标准等。

（2）明确现金报销手续

单位应当按其经济业务内容和管理要求设计各种报销凭证，如借款单、差旅费报销单，工资单等，并告知有关人员填制方法，避免出现误填误报。同时，单位还应规定各种报销程序和传递手续，明确各种现金支出业务的报销要求，超出现金开支界限或未按规定填制单据的各种支出不予报销。

（3）现金支出的审批权限

为确保资金安全完整，单位应根据其经营规模大小和内部职责分工情况，确定不同额度和不同的现金支出审批权限。例如，某公司规定凡是现金开支在500元以下的费用开支，由部门领导和会计人员审查批准；现金开支在500元以上2000元以下的费用开支，由部门领导和财务主管人员审查批准；现金开支在2000元以上的费用，必须有企业负责人审查批准。对于没有经过审批或有关人员超越规定审批权限的，出纳员不予受理。

2. 实行职能分开原则。即实行钱账分管，不相容的岗位应相互分离，实行岗位责任制。非出纳人员不得经管现金收付和现金保管业务，出纳人员不得兼管收入、费用、债权、债务账目的登记工作以及稽核和会计档案的保管工作。填写银行结算凭证的有关印鉴，不能集中由出纳人员保管，应实行印鉴分管制度。通过钱账分管，可以使出纳人员和会计人员相互牵制，相互监督，从而有效地加强现金收支的管理。

3. 建立现金收支业务的控制制度。企业应当建立现金收支业务的日常处理规程，对于每笔现金收支业务，企业都应依法取得或填制原始凭证，审核现金收付款凭证，当面清点所收或所付现金数额，并加盖"现金收（付）讫"章。

现金管理八不准：企业不得擅自坐支现金；企业不准用不符合制度的凭证顶替库存现金；不准谎报用途套取现金；不准用单位收入的现金以个人名义存储；不准保留账外公款；不准单位之间相互借用现金；不准发行变相货币；不准利用银行账户代其他单位和个人存入或支取现金，逃避国家金融监管等。

开户单位如有违反现金管理"八不准"的任何一种情况，开户银行可按照《现金管理条例》的规定，有权责令其停止违法活动，并根据情节轻重给予警告或罚款。

4. 加强监督与检查。出纳人员对于库存现金要做到日清月结，做到账实相符。内部审计和稽核人员要定期和不定期地对库存现金进行核查和检查，对发现的溢缺，必须查明原因，并按规定进行处理。

5. 实施定期轮岗制度。企业的出纳人员应定期轮换，不得一人长期从事出纳工作。通过轮换岗位,既可减少现金管理和控制中产生舞弊的可能性,又能提高工作效率。

三、库存现金的保管

现金的保管,主要是指对每日收取的现金和库存现金的保管。库存现金的保管主要注意以下几个方面:

1. 要有专人保管库存现金

库存现金保管的责任人是出纳人员以及其他所属单位的兼职出纳人员。企业应选择诚实可靠、工作责任心强、业务熟练的人员担任出纳员。

2. 送取现金要有安全措施

向银行送存现金或从银行提取现金时,一般应有两人以上负责;数额较大的,途中最好用专箱装放,专车运送,必要时进行武装押运。

3. 库存现金存放要有安全措施

库存现金存放要有相应的安全措施。出纳办公室应选择坚固实用的房间,能防潮、防火、防盗、通风,墙壁、房顶要牢固,门、窗要有铁栏杆或金属板(网),根据需要可安装自动报警、监控等装置。出纳员要配备专用保险柜,保险柜应靠出纳办公室的内墙存放,保险柜钥匙由出纳员专人保管,不得交由其他人员代管;保险柜密码应由出纳人员开启,并做好开启记录,严格保密;出纳员工作变动时,应及时更换密码。保险柜的钥匙或密码丢失或发生故障,要立即报请领导处理,不得随意找人修理或配钥匙。必须更换保险柜时,要办理以旧换新的批准手续,注明更换情况备查。

四、空白支票、收据、印鉴及有价证券的保管

1. 空白支票的保管

各单位为了结算,一般都从银行领购并保留一定数量的空白支票以备使用。支票是一种支付凭证,一旦填写了有关内容,并加盖留存银行的印鉴后,即可直接从银行提取现金,或与其他单位进行结算。因而,存有空白支票的单位,对空白支票必须严格管理,明确指定专人负责保管,空白支票和印章不得由同一人负责保管,并设置"空白支票凭证登记簿",格式见表2-24,认真办理领用和注销的手续。作废的支票应加盖"作废"印鉴,并连同支票存根一起保管,不得撕毁、丢失。

表 2 - 24　　　　　　　空白支票凭证登记簿

领用日期	支票号码	领用人	用途	收款单位	限额	批准人	销号日期

2. 空白收据的保管

空白收据即未填制的收据。空白收据一经填制,并加盖印鉴后,就可成为办理转账结算和现金支付的一种书面证明,直接关系到单位资金的准确、安全和完整。

空白收据一般应由主管会计人员保管,与支票一样,也应设置"重要空白凭证登记簿",认真填写领用日期、单位等,并由领用人签字;用完后,要及时办理归还和注销手续。空白收据不得带出单位使用,不得转借、赠送或买卖;作废的收据应加盖"作废"印鉴,并连同存根一起保管,不得撕毁、丢失。

3. 印章的保管

出纳使用的印章必须妥善保管,严格按照规定用途使用,不得将印章随意存放或带出工作单位。用于签发支票的各种预留银行印鉴章,不能由出纳一人保管,一般应由主管会计人员或其他指定人员保管,各种印章的保管应与现金的管理相同,以防违法乱纪人员有机可乘,给国家和单位造成不必要的经济损失。

企业如果发生印鉴遗失或需要更换预留银行印鉴,应向开户银行提出申请,填写"印鉴变更申请书",与证明情况的公函一并交银行审核,经银行同意后,在银行发给的新印鉴卡的背面加盖原预留银行印鉴,在正面加盖新更换的印鉴并与银行约定新印鉴的启用日期。

4. 有价证券的保管

有价证券,是指标有票面金额,证明持有人有权按期取得一定收入并可自由转让和买卖的所有权或债权凭证。有价证券通常包括国库券、国家重点建设债券、地方债券、金融债券、企业债券和股票等。有价证券是单位资产的一部分,具有与现金相同的性质和价值。

有价证券的保管同现金的保管基本一样,同时要对各种有价证券的票面额和号码保守秘密。为掌握各种债券的购入、到期时间等信息,应建立"认购有价证券登记簿"。按类设册进行登记,一般登记的栏目包括:证券名称、票面金额、购入日期、到期日期、备注等等。

【任务实施】

根据现金的管理规定,针对兴达公司管理现金中存在的问题,公司应在加强内部控制方面做好以下工作：

1.进一步抓好内部控制制度的建设,做到有章可循,保障工作措施落实。

2.进一步抓好检查监督工作。要求出纳人员对于库存现金必须做到日清月结,做到账实相符。内部审计和稽核人员要定期和不定期地对库存现金进行核查和检查,对发现的溢缺,必须查明原因,并按规定进行处理。

3.进一步健全财务机构,坚持职能分开原则,实行钱账分管,不相容岗位应相互分离,实行岗位责任制。非出纳人员不得经管现金收付和现金保管业务,出纳人员不得兼管收入、费用、债权、债务账目的登记工作以及稽核和会计档案保管工作。填写银行结算凭证的有关印鉴,不能集中由出纳人员保管,应实行印鉴分管制度。

4.进一步完善现金收支业务的控制制度。对于每笔现金收支业务,都应依法取得或填制原始凭证,审核现金收付款凭证,当面清点所收或所付现金数额,并加盖"现金收(付)讫"章。不准用单位收入的现金以个人名义存储,不准保留账外公款等。

5.进一步落实定期轮岗制度。出纳人员应定期轮换,不得一人长期从事出纳工作。通过轮换岗位,既可减少现金管理和控制中产生舞弊的可能性,又能提高工作效率。

项目小结

库存现金是流动性最强的一种货币资金,其管理是各单位资金管理的重点。现金管理主要包括现金使用范围的规定、库存现金限额的控制以及库存现金的内部控制制度等。

现金收入业务是各单位在开展生产经营性和非生产经营性业务过程中取得现金的业务,包括企业由于销售商品、提供劳务而取得现金的业务;机关、团体、部队、事业单位提供非经营性服务而取得现金的业务以及单位内部的现金收入业务,如向单位职工收取罚款等。所涉及的原始凭证主要有发票、收据等。

现金支付业务是各单位在开展生产经营性和非生产经营性业务过程中向外支付现金的业务,包括各单位购买货物、接受劳务而支付现金的业务;向其他单位支付押金的业务以及发放职工工资、支付备用金的业务等。涉及的原始凭证主要有工资表、报销单、借款借据等。

出纳人员在核算现金收付业务时,必须对取得或填制的原始凭证进行审核,根据审核无误的原始凭证编制记账凭证,根据审核无误的记账凭证登记现金日记账,并做到日清月结。

思考与讨论

思考题

1. 现金收付业务的原始凭证有哪些,如何进行审核?
2. 库存现金管理的基本规定有哪些?
3. 简述现金收付款业务的处理程序。

个案分析

　　某公司因业务发展需要,从人才市场招聘了一名具有中专学历的张×任出纳。开始,他还勤恳敬业,公司领导和同事对他的工作都很满意。但受到同事在股市赚钱的影响,张×也开始涉足股市。然而事非所愿,进入股市后张×的资金很快被套牢,他急于翻本又苦于没有资金,开始对自己每天经手的现金动了邪念,凭着财务主管对他的信任,拿了财务主管的财务专用章在自己保管的空白现金支票上任意盖章取款。月底,银行对账单也是其到银行提取且自行核对,因此在很长一段时间未被发现。至案发,该公司蒙受了巨大的经济损失。请分析该案例给予我们的启示。

项目二　技能训练

跃华电子有限公司属增值税一般纳税人,纳税人登记号370602195023929,法人代表王杰,财务部长李阳,出纳员牛莉,制单员孙永香。公司开户银行:工商银行开发区支行,开户行地址:烟台市开发区长江路288号,账号:140602008987。

一、现金收入业务的技能训练

（一）资料

2021年9月6日,该公司发生如下的现金交易或事项:

1.

表2-25

山东增值税专用发票

记账联

开票日期　2021年9月6日

购货单位	名　　　称:烟台开发区热力有限公司 纳税人识别号:320452700730898 地址、电话:烟台市解放路2018号6530523 开户行及账号:建行解放路支行3700126006655078				密码区	6 * 20 - <6>6 - 567>3 + 加密版本:01 81 - 2964 + 96364/6 + / - <6 + 81 - 664 >310 + / - 28 > <6 <52 370012520 <7028/ - 43479/6 >06		
货物或应税劳务名称	规格型号	单位	数量	单价	金额	税率	税额	
视频卡	DS -4004HC /标配	块	1	500.00	500.00	13%	65.00	
合　计					￥500.00		￥65.00	
价税合计（大写）⊗伍佰陆拾伍圆整　　　（小写）￥565.00								
销货单位	名　　　称:跃华电子有限公司 纳税人识别号:370602195023929 地址、电话:烟台市开发区长江路288号6721634 开户行及账号:工商银行开发区支行140602008987				备注			

第一联:记账联　销货方记账凭证

收款人:　　　　复核:　　　　　开票人:林敏　　　　销货单位:（章）

表 2 - 26

收 款 收 据

2021 年 9 月 6 日 第 号

今收到 __烟台开发区热力有限公司__

交来 __销货款__

人民币(大写)__伍佰陆拾伍元整__ ￥565.00

单位印章: 单位负责人: 会计主管:李阳 经手人:牛莉

2.

表 2 - 27

收 款 收 据

2021 年 9 月 6 日 第 号

今收到 __振兴电子有限公司__

交来 __租设备押金__

人民币(大写)__捌佰元整__ ￥800.00

单位印章: 单位负责人: 会计主管:李阳 经手人:牛莉

3.

表 2 - 28

中国工商银行
现金支票存根 No.36435568

附加信息

出票日期 2021 年 9 月 6 日

收款人:跃华电子有限公司

金 额:￥8000.00

用 途:备用

单位主管 会计

(二)核算要求:根据以上交易或事项,编制现金收款业务的记账凭证。

二、现金支付业务的技能训练

(一)资料

2021年9月6日,跃华电子有限公司发生有关现金的交易或事项如下:

1.

表2-29

借 款 单

2021年9月6日

部　门	财务科		借款事由	参加会计准则培训	
借款金额	金额(大写)肆仟元整		￥4000.00		现金付讫
批准金额	金额(大写)肆仟元整		￥4000.00		
领导	王杰	财务主管	李阳	借款人	张全

2.人力资源部王鹤出差回来,报销差旅费,原始单据见表2-30至表2-32。

表2-30

山东增值税专用发票

发票联

开票日期　2021年9月5日

购货单位	名称:跃华电子有限公司 纳税人识别号:37060219503929 地址、电话:烟台市开发区长江路288号6230355 开户行及账号:工商银行开发区支行140602008987					密码区	6*06-<>6-415306-7>5+8 加密版本:01 81-294+96364/6+/-<6+681-664>310 +/-28>6<523700081140<7028/-41469/ 79/6>>0502175944<523700081140<7880		
货物或应税劳务、服务名称	规格型号	单位	数量	单价	金额		税率		税额
劳务*住宿费			2	280.00	560.00		6%		33.60
合　计					￥560.00				￥33.60
价税合计(大写)⊗伍佰玖拾叁万圆陆角整				(小写)￥593.60					
销货单位	名称:济南金色太阳花酒店 纳税人识别号:91370100892018620N 地址、电话:济南市黄河路79号5760368 开户行及账号:中行济南分行380900737308038109					备注	91370100892018620N 发票专用章		

收款人:刘晓红　　　复核:　　　开票人:王强　　　销货单位:(章)

表 2 - 31	表 2 - 32
W0039825　　　　　烟台	W0039825　　　　　济南
烟台——→济南东 4944 次	**济南东——→烟台 4943 次**
2021 年 9 月 2 日 21:40 开 11 车 16 号下铺	2021 年 9 月 5 日 20:30 开 09 车 26 号下铺
全 价　86.00 元　硬座普快卧	全 价　86.00 元　硬座普快卧
限乘当日当车次	限乘当日当车次
在 3 日内到期有效	在 3 日内到期有效

3.

表 2 - 33

山东增值税专用发票

开票日期　2021 年 9 月 6 日

购货单位	名称:跃华电子有限公司 纳税人识别号:37060219503929 地址、电话:烟台市开发区长江路 288 号 6230355 开户行及账号:工商银行开发区支行 140602008987	密码区	6 * 06 - < > 6 - 415306 - 7 > 5 + 8 加密版本:01 81 - 294 + 96364/6 + / - < 6 + 681 - 664 > 310 + / - 28 > < 6 < 523700081140 < 1469 > 052228/ - 41469/79/6 > > 051469/79/6 > > 05454545 02175944 < 6 + 681 - 664 > 3106434/79/8 >

货物或应税劳务、服务名称	规格型号	单位	数量	单价	金额	税率	税额
电信服务 通信服务费			1	544.60	544.60	9%	49.01
合　计					¥544.60		¥49.01

价税合计(大写) ⊗伍佰玖拾叁万圆陆角壹分　　　　(小写)￥593.61			

销货单位	名称:中国联合网络通信有限公司烟台分公司 纳税人识别号:913706009659666589 地址、电话:烟台市胜利路 318 号 10010 开户行及账号:中行南大街支行 1606020319022142999	备注	

收款人:王桂霞　　　　复核:　　　　开票人:王琳　　　　销货单位:(章)

4.

表 2 - 34　　　　　　职工困难补助发放明细表

2021 年 9 月 6 日　　　　　　　　　　金额单位:元

车间、部门	姓名	事由	金额
基本车间生产工人	于芳杰	丈夫去世孩子上学	1000.00
	李媛媛	本人身体不好	1000.00
销售部	刘 莹	丈夫重病	1000.00
	宋玲玲	本人身体不好	900.00
	王永彬	妻子有病	900.00
人力资源部	霍 强	妻子女儿有病	1000.00
总务处	王福仁	妻子重病	1000.00
合　计			6800.00

制单:孙永香　　　　　　　　　　复核:

（二）核算要求：

1. 请协助王鹤填制"差旅费报销单"，公司规定出差补贴为每人每天60元；

2. 根据以上交易或事项，编制记账凭证。

三、库存现金日记账的登记技能训练

2021年9月5日，跃华电子有限公司出纳下班时现金日记账余额为3780元，库存现金限额为4000元，根据以上技能训练所编制的记账凭证，开设和登记现金日记账。

四、库存现金管理的技能训练

（一）资料：

2021年6月11日上午8时，烟台蓝白食品有限公司审计人员对该公司的库存现金进行了盘点。盘点结果如下：

1. 现金实有数4480元。

2. 在保险柜中发现职工张敏6月9日预借差旅费800元，已经领导批准，未入账；职工张品借据一张，金额650元，未经批准，也未说明其用途；有已收款但未入账的凭证8张，金额1200元。

3. 银行核定的公司库存现金限额为4500元。

审计人员根据以上资料，核实了6月11日库存现金应有数。因为职工张品借据650元，未经批准，属于白条，不能用于抵充现金，所以6月11日库存现金实有数4480元，加张品的借据650元为5130元。未入账的收付款凭证都属于合法凭证，可以据以收付现金，只是没有入账。6月11日现金日记账的余额是4730元，加上未入账的现金收入1200元，减去未入账的现金支出800元，得5130元。由此可见，在6月11日，除白条抵库和应入账未入账的现金收支外，现金账实是相符的，即未发生现金溢缺。

（二）要求：根据以上资料指出烟台蓝白食品有限公司的现金管理存在什么问题。

项目三　银行存款的核算与管理

【教学目标】

通过本项目的学习,了解银行存款账户开立与变更的手续,能识读银行存款核算中涉及的原始凭证;会进行银行存款收付业务的核算。

【重点难点】

1.企事业单位银行账户的开立、变更和撤销;

2.银行存款收付业务的核算;

3.银行存款余额调节表的编制。

银行存款是指企事业单位存放于本地银行或其他金融机构中的那部分货币资金。按照国家有关规定,凡是独立核算的单位都必须在当地银行开设账户。企事业单位在银行开设账户以后,其经济活动所发生的一切货币收支业务,除按国家《现金管理暂行条例》中规定可以用现金直接支付的款项外,其他都必须按照支付结算方法的规定,通过银行账户进行转账结算。

任务一　银行账户的管理

【任务目标】

通过本次任务学习,学生能够熟悉银行账户的管理制度。

【任务导入】

烟台富尔玛家居超市是一个刚刚成立的企业,经营的场地位于闹市区,附近有中国工商银行、建设银行。该超市要开展业务,需要到银行开设存款账户,以便于日常业务款项的结算。请问,这家公司会计人员可以到哪家商业银行开设结算账户呢?

【相关知识】

银行账户又称"银行存款账户"或称"存款账户",是指存款人在中国境内银行开立的人民币存款、支取、转账和贷款户头的总称。其中,存款人主要包括机构、团体、部队、企事业单位、个体经营者;银行指商业银行和其他金融机构。

银行存款账户是各单位通过银行办理转账结算、信贷以及现金收付业务的工具,凡新办的单位在取得工商行政管理部门颁发的法人营业执照后,可选择离办公场地较近的商业银行开设自己的结算账户。对于非现金使用范围的开支,都要通过银行账户办理。

一、基本原则

根据《人民币银行结算账户管理办法》的规定,银行账户管理遵守以下基本原则:

1. 一个基本账户原则。即存款人只能在银行开立一个基本存款账户,不能多头开立基本存款账户。存款人在银行开立基本存款账户,实行由中国人民银行当地分支机构核发开户许可制度。

2. 自愿选择原则。即存款人可以自主选择银行开立账户,银行也可以自愿选择存款人开立账户。任何单位和个人不得强制干预存款人和银行开立或使用账户。

3. 存款保密原则。即银行必须依法为存款人保密,维护存款人资金的自主支配权。除国家法律规定和国务院授权中国人民银行总行的监督项目外,银行不代任何单位和个人查询、冻结、扣划存款人账户内存款。

二、人民银行的管理

按照《人民币银行结算账户管理办法》的规定,人民银行对账户的管理包括以下几个方面:

1. 负责协调、仲裁银行账户开立和使用方面的争议,监督、稽核开户银行的账户设置和开立,纠正和处罚违反管理办法的行为。

2. 核发开立基本存款账户的开户许可证。人民银行对存款人开立基本存款账户的,负责核发开户许可证,如果存款人需要变更基本存款账户的,亦必须经过人民银行审批同意。

3. 受理开户银行对存款人开立和撤销账户的申报。各银行对存款人开立和撤销账户,必须及时向人民银行报告,根据规定,开户银行对基本存款账户、一般存款账户、临时存款账户、专用存款账户的开立或撤销,应于开立或撤销之日起7日内向人民银行当地分支机构申报。人民银行将运用计算机建立账户管理数据库,加强账户管理。

三、开户银行的管理

开户银行依照规定对开立、撤销账户严格进行审查,对不符合开户条件的,坚决不予开户。建立、健全开销户制度;建立账户管理档案;定期与存款人对账;及时向人民银行申报存款人开立和撤销账户的情况。

【任务实施】

根据《人民币银行结算账户管理办法》规定,烟台富尔玛家居超市需要在办公场地较近的一家商业银行的一个营业机构开设一个基本存款账户,如中国建设银行烟台分行的一个营业机构中办理。

任务二　银行账户的开立与变更

【任务目标】

通过本次任务的学习,学生能够明确银行账户的开立条件,并能够妥当办理银行账户的开立、变更与撤销手续。

【任务导入】

烟台富尔玛家居超市的会计人员了解银行账户的管理规定后,选择在中国建设银行烟台分行的一个营业机构中办理。请问该公司应开设什么账户,需要提供哪些资料?

【相关知识】

根据《人民币银行结算账户管理办法》规定,企业可以根据需要开立四种存款账户,即基本存款账户、一般存款账户、临时存款账户和专用存款账户。

一、银行账户的开立

(一)开立基本存款账户

基本存款账户是指企业办理日常转账结算和现金收付的账户。企业的工资、奖金等现金的支取,只能通过本账户办理。

1. 开立基本存款账户的程序

存款人在银行开立基本存款账户,实行由中国人民银行当地分支机构核发开户许可证制度。其开立程序为:

(1)填制开户申请书,并加盖企业法人公章、财务专用章和法定代表人名章。

(2)填写银行开户印鉴卡片,并加盖企业公章、财务专用章、法定代表人名章。

(3)经银行审核同意,凭中国人民银行当地分支机构核发的开户许可证开立账户。

需要说明的是,企业申请开立单位银行结算账户时,可由法定代表人或单位负责人直接办理,也可授权他人办理。由法定代表人或单位负责人直接办理的,除出具相应的证明文件外,还应出具法定代表人或单位负责人的身份证件;授权他人办理的,除出具相应的证明文件外,还应出具其法定代表人或单位负责人的授权书及

其身份证件以及被授权人的身份证件。

2.开立基本存款账户需提供的证明文件

(1)企业法人营业执照正本和组织机构代码证正本;

(2)税务部门颁发的税务登记证正本;

(3)提供企业法人公章、财务专用章、法定代表人名章;

(4)企业法人代表的身份证件;

(5)其他需要提供的证件

需要特别说明的是,印鉴卡片上填写的户名必须与单位名称一致,同时要加盖开户单位公章、单位负责人或财务机构负责人图章。它是单位与银行事先约定的一种具有法律效力的付款依据,银行在为单位办理结算业务时,凭开户单位在印鉴卡片上预留的印鉴审核支付凭证的真伪。如果支付凭证上加盖的印章与预留的印鉴不符,银行就可以拒绝办理付款业务,以保障开户单位款项的安全。

(二)开立一般存款户

一般存款账户是指企业在基本存款账户以外的银行借款转存、与基本存款账户的存款人不在同一地点的附属非独立核算单位开立的账户。存款人可以根据自身的需要,开立多个一般存款户。本账户可以办理转账结算和现金缴存,但不能支取现金。

1.开立一般存款账户的程序

(1)填制开户申请书;

(2)提供相应的证明文件;

(3)送交盖有存款人印章的印鉴卡片,经银行审核同意后,即可开立该账户。

注意:银行在为存款人开立一般存款账户时,应在其基本存款账户开户登记证上登记账户名称、账号、账户性质、开户银行、开户日期,并签章。但临时机构和注册验资需要开立的临时存款账户除外。

2.开立一般存款账户需提供的证明文件

存款人申请开立一般存款账户,应向银行出具其开立基本存款账户规定的证明文件、基本存款账户开户登记证和下列证明文件:

(1)借款合同或借款借据;

(2)基本存款账户的存款人同意其附属的非独立核算单位开户的证明。

(三)开立临时存款户

临时存款账户是存款人因临时需要并在规定期限内使用而开立的银行结算账户。如设立临时机构、异地临时经营活动和注册验资等。有效期最长不超过2年。

1.开立临时存款账户的程序

存款人申请开立临时存款账户,应填制开户申请书,提供相应的证明文件,送交盖有存款人印章的印鉴卡片,经银行审核同意后,即可开设此账户。

注意:银行在为存款人开立临时存款账户时,应在其基本存款账户开户登记证上登记账户名称、账号、账户性质、开户银行、开户日期,并签章。

2.开立临时存款账户需提供的文件

存款人申请开立临时存款账户,应向开户银行出具下列证明文件:

(1)当地工商行政管理机关核发的临时执照;

(2)当地有关部门同意设立外来临时机构的批件。

(四)开立专用存款户

专用存款账户是指企业因特定用途需要所开立的账户,如基本建设项目专项资金、更新改造的资金等。企业的销货款不得转入专用存款账户。

1.开立专用存款账户的程序

存款人申请开立专用存款账户,应填制开户申请书,提供相应的证明文件,送交盖有存款人印章的印鉴卡片。

银行在为存款人开立专用存款账户时,应在其基本存款账户开户登记证上登记账户名称、账号、账户性质、开户银行、开户日期,并签章。

2.开立专用存款账户需提供的文件

存款人申请开立专用存款账户,须向开户银行出具下列证明文件:

(1)经有关部门批准立项的文件;

(2)国家有关文件的规定。

存款人按照法律或者行政规章的规定,对专有用途的资金进行管理和使用而开立的账户。比如国家为建设某大型工程,涉及移民搬迁需拨付专项资金,就设有专用存款账户,便于国家实施监督。

二、变更、迁移、合并和撤销银行账户

(一)变更银行账户

开户单位由于人事变动或其他原因需要变更单位财务专用章、财务主管印鉴或出纳员印鉴的,应填写"更换印鉴申请书",并出具有关证明,经银行审查同意后,重新填写印鉴卡片,并注销原预留的印鉴卡片。

单位因需要变更银行账户名称,应向银行交验上级主管部门批准的正式函件,经银行审核后,变更账户名称。

(二)迁移银行账户

单位发生办公或经营地点搬迁时应到银行办理迁移账户手续。如果迁入迁出在同一城市,可以凭迁出行出具凭证到迁入行开立新户,搬迁异地应按规定向迁入地银行重新办理开户手续。在搬迁过程中,如需要可要求原开户银行暂时保留原账户,但在搬迁结束后,单位已在当地恢复经营活动时,则应在一个月内到原开户银行,结清原账户。

（三）撤销、合并银行账户。各单位因机构调整、合并、撤销、停业等原因,需要撤销、合并账户的,应向银行提出申请,经银行同意后,首先要同开户银行核对存贷款户的余额并结算全部利息,全部核对无误后开出支取凭证结清余额,同时将未用完的各种重要空白凭证交给银行注销,然后才可办理撤销、合并手续。由于撤销账户,单位未交回空白凭证而产生的一切问题应由撤销单位自己承担责任。

【任务实施】

根据《银行账户管理办法》规定,烟台富尔玛家居超市只能在中国建设银行烟台分行的一个营业机构开设一个基本存款账户。在办理中,该公司必须填制开户申请书,提供盖有存款人印章的印鉴卡片和中国人民银行当地分支机构核发的开户许可证及银行要求提供的其他资料。

任务三　银行存款收付的核算

【任务目标】

通过本次任务的学习,学生能准确识读银行存款收付业务的原始凭证,正确编制银行存款收付的记账凭证。

【任务导入】

烟台蓝白食品有限公司属增值税一般纳税人,纳税人登记号370602195013992,法人代表王杰芳,财务部长于洋,出纳员任巧巧,制单员宋欣欣。开户银行:中国工商银行黄务支行,账号140602007698,地址:烟台市芝罘区机场路588号。

2021年8月1日发生如下的银行存款交易或事项:

1. 接银行通知,收回东方商厦归还的销货款53100元。
2. 接银行通知,收回明珠实业有限公司货款93600元。
3. 经批准支付大连永和服装公司货款56600元,(付款通知单见表3－7)。
4. 开出现金支票(见表3－4),提取现金3000元,以备日常开支。

请识读上述交易或事项中涉及的原始凭证,并由制单员编制记账凭证。

【相关知识】

一、银行存款收付的原始凭证

根据我国支付结算办法的有关规定,企业在生产经营过程中,经常与银行发生收付款项业务,这些业务必须填制或取得票据或各种银行结算凭证,作为收付款的书面证明。目前由中国人民银行统一规范的票证共有15种,其他支付凭证,只对必须记载事项进行了原则性的规范,其格式由各商业银行自行设计。

(一)银行存款收款的原始凭证

银行存款收款的原始凭证,是开户银行收回款项后,给予收款单位的单据。如"现金交款单""进账单(收账通知)"(见表 3-1)、"委托收款(划回凭证)"(见表 3-2)等。

表 3-1　　　中国建设银行　进账单(收账通知)　　3

2021 年 8 月 1 日

出票人	全　称	东方商厦公司	收款人	全　称	烟台蓝白食品有限公司
	账　号	562831102768		账　号	140602007698
	开户银行	中国建设银行莱山支行		开户银行	中国工商银行黄务支行

| 金额 | 人民币(大写) | 伍万叁仟壹佰元整 | 亿 千 百 十 万 千 百 十 元 角 分 |
| | | | ￥ 5 3 1 0 0 0 0 |

| 票据种类 | 转账支票 | 票据张数 | 1 张 |
| 票据号码 | 67143239 | | |

复核　　　　记账

(印章)中国工商银行烟台分行黄务支行 2021.08.01 转讫

收款单位开户行盖章

此联是收款人开户行给收款人的收账通知

表 3-2　　　　中国人民银行支付系统专用凭证　　　No.176585923

委托收款(划回凭证)

| 报文种类:CMT101 汇兑支付报文　　交易种类:大额　　贷记　支付交易序号:12 |
| 委托凭证日期:2021/08/01　　委托凭证号码:02913020 |
| 发起行行号:332631550026　付款人开户行行号:333125560026 委托日期:2021/08/01 |
| 发起行名称:农业银行常熟分行 |
| 付款人账号:530008293908 |
| 付款人名称:明珠实业有限公司 |
| 接受行行号:104460052004　收款人开户行行号:102654810000　收报日期:2021/08/01 |
| 收款人账号:140602007698 |
| 收款人名称:烟台蓝白食品有限公司 |
| 货币符号、金额:RMB93600.00 |
| 附言:支付货款 |
| 会计分录　　　　　　　密押 |
| 流水号:822　　打印时间:2021/08/01　14:12:56　　操作员:0567 |
| 会计　　　　复核　　　　记账 |

(印章)中国工商银行烟台分行黄务支行 2021.08.01 转讫

(二)银行存款付款的原始凭证

银行存款付款的原始凭证,是企事业单位通过银行划出款项时,银行给予付款

单位的单据。如:办理汇款时退回的"电汇凭证(回单)"(见表3-3)、"支票存根"(见表3-4)等。

表3-3　　　　中国工商银行电汇凭证(回单)　　1

✓ 普通　　□加急　　　　委托日期2021年8月1日

汇款人	全　称	烟台蓝白食品有限公司	收款人	全　称	大连永和服装公司
	账　号	140602007698		账　号	380900737308100901
	汇出地点	山东省烟台市/县		汇入地点	辽宁省大连市/县
汇出行名称		中国工商银行黄务支行	汇入行名称		中行大连分行

金额	人民币 (大写)	伍万陆仟陆佰元整	千	百	十	万	千	百	十	元	角	分
					￥	5	6	6	0	0	0	0

支付前欠货款	支付密码
(中国工商银行烟台分行黄务支行 2021.08.01 汇出行签章)	附加信息及用途
	复核:　　　　记账:

此联汇出行给汇款人的回单

表3-4

中国工商银行(鲁)
现金支票存根　No.36435968

附加信息

出票日期2021年8月1日
收款人:烟台蓝白食品有限公司
金　额:￥3000.00
用　途:备用
单位主管　　　会计

二、银行存款收付的记账凭证

各种银行结算凭证的基本格式和传递程序,在国家有关银行结算管理中都有专门规定,企业应严格执行,认真审核,并据以填制记账凭证,进行银行存款的收付核算。

为了总括地反映银行存款的收入、付出和其结存情况,企业应设置"银行存款"账户进行核算。企业向银行或其他金融机构存入款项时,借记"银行存款"账户,贷记有关账户;从银行提取或支出款项时,借记有关账户,贷记"银行存款"账户。

【任务实施】

烟台蓝白食品有限公司8月1日有关银行存款交易或事项的处理如下：

1. 接银行通知,收回东方商厦归还的销货款53100元。

出纳收到原始凭证表3－1后,应审核"进账单"的收款单位是否属于本单位、所列金额是否正确等,审核无误后,将进账单交制单员编制记账凭证,见表3－5。

表3－5　　　　　　　　　收　款　凭　证

借方科目:银行存款　　　　　　　2021年8月1日　　　　　　　银收字001号

摘　要	应借科目		记账√	金　额								
	一级科目	明细科目		百	十	万	千	百	十	元	角	分
收回货款	应收账款	东方商厦				5	3	1	0	0	0	0
合　计						¥	5	3	1	0	0	0	0

财务主管　　　记账　　　出纳:任巧巧　　　复核　　　　　制单:宋欣欣

2. 接银行通知,收回明珠实业有限公司货款93600元。

出纳收到原始凭证后(表3－2),应审核收款单位是否属于本单位、所列金额是否正确等,审核无误后,将有关单据交制单员编制记账凭证,见表3－6。

表3－6　　　　　　　　　收　款　凭　证

借方科目:银行存款　　　　　　　2021年8月1日　　　　　　　银收字002号

摘　要	应借科目		记账√	金　额								
	一级科目	明细科目		百	十	万	千	百	十	元	角	分
收回货款	应收账款	明珠实业				9	3	6	0	0	0	0
合　计						¥	9	3	6	0	0	0	0

财务主管　　　记账　　　出纳:任巧巧　　　复核　　　　　制单:宋欣欣

3. 经批准支付大连永和服装公司货款56600元(付款通知单见表3－7)。

表 3－7　　　　　烟台蓝白食品有限公司付款通知单

收款单位全称	大连永和服装公司		
开户银行	中国银行大连分行	账号	380900737308100901
付款理由	支付货款	付款时间	2021 年 8 月 1 日
支付方式	□支票　□汇票　□本票　□现金　√汇兑　□其他		
付款金额	(人民币)大写伍万陆仟陆佰元整		
公司领导签批 王杰芳 2021 年 8 月 1 日	部门负责人审签意见 魏少东　于洋 2021 年 8 月 1 日	付款申请人 刘文鹏	

出纳收到采购员刘文鹏交来的付款通知单及其他单据(略),审核无误后办理汇款手续。出纳员收到银行退回的"电汇凭证(回单)"(见表 3－3),应审核收款单位的名称、开户行、账号是否正确、所列金额是否正确等,审核无误后,回单联交制单员编制记账凭证(见表 3－8)。

表 3－8　　　　　　　　　付 款 凭 证

贷方科目:银行存款　　　　　　2021 年 8 月 1 日　　　　　　银付字 001 号

摘　要	应借科目		记账√	金　额								
	一级科目	明细科目		百	十	万	千	百	十	元	角	分
支付大连永和	应付账款	大连永和				5	6	6	0	0	0	0
服装公司货款												
合　计					¥	5	6	6	0	0	0	0

财务主管　　　记账　　　出纳:任巧巧　　　复核　　　　制单:宋欣欣

附件壹张

4. 开出现金支票(见表 3－4),提取现金 3000 元,以备日常开支。

出纳提取现金后,将"现金支票"存根联,交制单员编制记账凭证如下:

表 3 – 9   付 款 凭 证

贷方科目:银行存款   2021 年 8 月 1 日   银付字 002 号

摘 要	应借科目		记账√	金 额								
	一级科目	明细科目		百	十	万	千	百	十	元	角	分
提取现金	库存现金					3	0	0	0	0	0	
合 计						¥	3	0	0	0	0	0

附件壹张

财务主管   记账   出纳:任巧巧   复核   制单:宋欣欣

任务四 银行存款日记账的登记与核对

【任务目标】

通过本次任务的学习,能够开设和登记银行存款日记账,能够准确查找未达账项并编制银行存款余额调节表,了解对账的意义。

【任务导入】

烟台蓝白食品有限公司 2021 年 6 月份银行存款日记账和 6 月份银行对账单的部分资料如下:

表 3 – 10   银行存款日记账   第 页

2021年		凭证		摘要	对方科目	借方	贷方	余额
月	日	字	号					
				以上记录略				415000
6	21	银付	35	支付差旅费	其他应收款		1000	414000
	22	银付	36	提现	库存现金		45000	369000
	24	银付	37	购办公用品	管理费用		1320	367680
	26	银收	20	存销货款	主营业务收入等	11700		379380
	30	银付	38	邮电费	管理费用		1250	
	30	银收	21	存款利息	财务费用	417		
	30	银收	22	存押金	其他应付款	3600		382147
	30			本日合计		4017	1250	382147

表 3 – 11　　　　　　　　　　　银行对账单

2021 年 6 月 30 日

| 2021 年 | | 对方科目代号 | 摘要 | 凭证号 | | 借方 | 贷方 | 余额 |
月	日			现金支票	结算凭证			
			以上记录略					415000
6	22	10	现金支票	10785		1000		414000
	25	10	现金支票	8312		45000		369000
	26	65	转账支票		45761	1320		367680
	30	10	进账单		7852		11700	379380
	30	46	托收销货款		47216		10000	389380
	30	251	结息单		38976		417	389797
	30	518	委托收款		36481	20358		369439

要求：

1. 核对银行存款日记账和银行对账单。

2. 查找未达账项，并编制银行存款余额调节表。

3. 确定该公司在银行的实际存款数额。

【相关知识】

一、开设和登记银行存款日记账

为了全面、及时、详细地反映银行存款的收支、结存情况，企业应当按照开户银行、存款种类等分别设置"银行存款日记账"，由出纳人员根据审核无误的银行存款收、付款等凭证，按照业务发生的先后顺序逐日逐笔登记。每日营业终了，应计算出银行存款的收支合计数及结余数。

二、银行存款日记账的核对

为确保银行存款的安全，使其与有关的账目、款项相符，出纳员在收付款项后，要及时入账，并且按照一定的程序进行对账。

银行存款日记账的核对主要包括三个方面：一是银行存款日记账与银行存款收、付款凭证核对，做到账证相符。二是银行存款日记账与银行存款总账核对，做到账账相符。三是银行存款日记账与银行对账单核对，做到账实相符。前两个方面的核对与现金日记账的核对基本相同，不再赘述。下面介绍银行存款日记账与银行对账单的核对。

"银行存款日记账"应定期与"银行对账单"核对，至少每月应核对一次。在同银行核对账目之前，应先详细检查银行存款日记账的正确性与完整性，然后与银行对账单逐笔核对增减额和同一日期的余额。核对的方法是，企业将"银行存款日记账"中的借方和贷方的每笔记录,分别与"银行对账单"中的贷方和借方的每笔记录,从凭证种类、编号、摘要内容、记账方向和金额等方面进行逐笔核对。经核对一致时,分别在各自有关数额旁边画"√"以作标记。

三、银行存款余额调节表的编制

企业存放在银行的款项及每一笔收支,均由银行和企业双方根据同一交易或事项进行双重记录,其结果应该一致。但是核对结果是双方账目往往不一致,可能的原因有以下两种:一是记账错误;二是正常的"未达账项"。

所谓"未达账项"是指对同一笔交易或事项,由于企业与银行取得有关凭证的时间不同,而发生的一方已经取得凭证登记入账,另一方由于未取得凭证尚未入账的款项。未达账项有以下四种情况:

1. 企业已收款入账,而银行尚未收款入账的款项。例如,企业存入银行的款项,企业已经作银行存款增加入账,但银行尚未收到有关凭证而尚未入账。

2. 企业已付款入账,而银行尚未付款入账的款项。例如,企业开出支票或其他付款凭证项,企业已经作银行存款减少入账,但银行尚未收到有关凭证而尚未入账。

3. 银行已收款入账,而企业尚未收款入账的款项。例如,企业委托银行代收的款项,银行已经作企业银行存款增加入账,但企业尚未收到有关凭证而尚未入账。

4. 银行已付款入账,而企业尚未付款入账的款项。例如,银行直接代付的款项,银行已作企业银行存款减少入账,但企业尚未收到有关凭证而尚未入账。

上述任何一种情况的发生,都会使双方的账目存款余额不一致。为了消除未达账项的影响,企业应根据核对后查出的未达账项,编制"银行存款余额调节表",以检查双方账目是否有错,并且查明企业银行存款的实有数。在编制"银行存款余额调节表"时,一般是在企业的银行存款日记账余额和银行对账单余额的基础上,分别加上对方已收而本单位尚未收账的款项,减去对方已付账而本单位尚未付账的款项,然后验证经过调整后的银行存款余额是否相等。如果相等,表明企业与银行的账目没有差错。否则,说明记账有错误,需要进一步查找,找出差错,进行更正。银行存款余额调节表的格式如表3-12所示。

表3-12   银行存款余额调节表

年   月   日

项 目	金 额	项 目	金 额
银行存款日记账余额		银行对账单余额	
加:银行已记增加而企业未记增加额		加:企业已记增加而银行未记增加额	
减:银行已记减少而企业未记减少额		减:企业已记减少而银行未记减少额	
调节后余额		调节后余额	

需要说明的是,调节后的银行存款余额,是企业可以动用的银行存款实有数额,但不能据以更改账簿记录。对于银行已入账而企业尚未入账的未达账项,企业暂不作账务处理,只有在收到银行转来的收付款通知后才能入账。

【任务实施】

烟台蓝白食品有限公司 2021 年 6 月 30 日的银行存款日记账余额为 382147 元,银行对账单上的存款余额为 369439 元,经逐笔核对后,发现下列未达账项:

1. 银行代付公司本月的水费 20358 元,因付款通知尚未送达公司,公司尚未入账。

2. 公司开出转账支票 1250 元付邮电费,已登记入账,但持票人尚未到银行办理转账手续。

3. 公司委托银行代收的销货款 10000 元,银行已收妥入账,但公司尚未收到收账通知而未记账。

4. 公司销售货物收到转账支票 3600 元,转账支票未及时送存银行,银行尚未入账。

根据上述资料,烟台蓝白食品有限公司编制银行存款余额调节表,如表 3 – 13 所示:

表 3 – 13　　　　　　　　银行存款余额调节表

2021 年 6 月 30 日

项　目	金　额	项　目	金　额
银行存款日记账余额	382147	银行对账单余额	369439
加:银行代收货款	10000	加:销售货物收取支票	3600
减:银行代付水费	20358	减:付邮电费	1250
调节后余额	371789	调节后余额	371789

由上表可知,该公司可以动用的银行存款实有数额为 371789 元。

任务五　出纳报告及银行存款内部控制制度

【任务目标】

通过本次任务的学习,了解出纳报告的格式及编制要求,能够合理设计并准确编制出纳报告。

【任务导入】

烟台蓝白食品有限公司在工商银行设有基本存款户、在建设银行设有一般存款户,公司管理要求出纳人员每天提供当日货币资金的收付及结存情况,请问,出纳如何提供公司管理需要的信息？

【相关知识】

一、出纳报告的基本格式

出纳记账后,应根据现金日记账、银行存款日记账等核算资料,定期编制出纳报告,报告本单位现金和银行存款等的收支与结存情况,并据以与总账会计核对现金和银行存款的期末余额。

出纳报告是出纳工作的最终成果,也是单位管理者进行经营决策的重要依据,因此必须保证信息的真实性、完整性和准确性。出纳人员应根据单位内部管理的要求设计符合单位实际情况的出纳报告,定期编制并及时报送。

出纳报告属于企业内部报告,形式上有较大的灵活性,但其基本内容应当包括"上期结存""本期收入""本期支出"和"期末结存"等基本项目。出纳记账后,应根据现金日记账、银行存款日记账、有价证券明细账、银行对账单等核算资料,定期编制"出纳报告单"和"银行存款余额调节表",报告本单位一定时期库存现金、银行存款、有价证券的收存情况,并与总账会计核对期末余额。"出纳报告单"格式见表3-14。

表3-14　　　　　　　　　　　　出 纳 报 告 单

编制单位：　　　　　　　　　年　月　日至　　年　月　日　　　　　　编号：

项　目	库存现金	银行存款	有价证券	备注
上期结存				
本期收入				
合　计				
本期支出				
本期结存				

主管：　　　　　记账：　　　　　出纳：　　　　　复核：　　　　　制单：

二、出纳报告的填制

编制出纳报告单应该符合下列要求：

(一)编制要及时

出纳报告单的报告期可与本单位总账会计汇总记账的周期相一致,如本单位总账10天汇总一次,则出纳报告单10天编制一次。但如果单位货币收支业务量较大或因内部决策的需要,出纳报告单可就库存现金和银行存款情况每天一报。

(二)账表内容必须一致

出纳报告单上项目内容应当与出纳日记账、有关明细账和备查簿内容相符,保

证出纳信息的真实、完整和准确。

（三）横向项目填表说明

1. 上期结存数是指报告期前一期期末结存数，即本期报告期前一天的账面结存金额，也是上一期出纳报告单的"本期结存"数字。

2. 本期收入数按账面本期借方合计数填列。

3. 合计是上期结存与本期收入的合计数字。

4. 本期支出数按账面本期贷方合计数填列。

5. 本期结存是指本期期末账面结存数字，它等于"合计"数减去"本期支出"数字，本期结存必须与账面实际结存数一致。

6. 备注是对明细账目中特殊情况的说明，如银行存款的未达账项、债券的到期日等。

（四）纵向项目设计说明

纵向项目设计时可根据实际需要进行扩充合并，一般的整合原则是：

1. 现金可按照保管人员分项，如连锁超市的各个门市部。

2. 银行存款可先按币种分项，再按不同的开户账户分项，处于简化工作量考虑，也可按照常用与不常用分项。

3. 其他货币资金按明细账分项。

4. 有价证券按不同单位分项，债券可按到期天数分项。

5. 其他项目如应收票据、应付票据可根据实际需要设置。

（五）报送范围和程序要确定

由于出纳报告属于单位内部资料，未经有关领导批准，出纳人员不得任意传送或泄露其内容；但在接受国家行政部门，如工商、税务、审计等得检查时，出纳人员不得擅自隐瞒、篡改出纳报告的内容。

三、银行存款内部控制制度

银行存款内部控制制度，是指企业为维护银行存款的完整性，确保银行存款会计记录正确而对银行存款进行的审批、结算、稽核、调整的自我调节和监督。

各企业均需制定银行存款内部控制制度，但不同企业需根据企业的自身需要合理确定。

（一）银行存款内部控制的内容

单位内部完善的银行存款控制制度，应当包括以下八个控制点，并围绕它们展开行之有效的银行存款内部控制。

1. 审批。是指企业的会计主管人员或银行存款业务部门的主管人员，对将要发生的银行存款收付业务进行审查批准，或是授权银行存款收支业务经办人，并规定其经办权限。审批一般以签字盖章方式表示，主要为保证银行存款的收支业务要在授权下进行。

2. 结算。是指出纳人员复核了银行存款收付业务的原始凭证后,应及时填制或取得结算凭证,办理银行存款的结算业务,并对结算凭证和原始凭证加盖"收讫"或"付讫"戳记,表示该凭证的款项已实际收入或付出,避免重复登记。

3. 分管。是指银行存款管理中不相容职务的分离,如支票保管职务与印章保管职务相分离,银行存款总账与日记账登记相分离,借以保障银行存款的安全。

4. 审核。是指在编制银行收款凭证和付款凭证前,银行存款业务主管会计应审核银行存款收付原始凭证基本内容的完整性,处理手续的完备性以及经济业务内容的合理、合法性;同时,还要对结算凭证的描述内容进行审核,并把它与原始凭证相核对,审核其一致性,然后签字盖章。其目的是为了保证银行存款收支业务记录的真实性、核算的准确性和银行存款账务处理的正确性。

5. 稽核。是指记账前稽核人员、审核人员审核银行存款收付原始凭证和收付款记账凭证内容的完整性,手续的完备性和所反映经济内容的合法、合规性;同时对这些凭证的一致性进行审核,并签字盖章以示稽核。其目的是为了保证证证相符以及银行存款记录和核算的正确性。

6. 记账。是指出纳人员根据审核、稽核无误的银行存款收、付款凭证登记银行存款日记账,登记完毕,核对其发生额与收款凭证、付款凭证的合计金额,并签字盖章表示已经登记。银行存款总账会计根据审核、稽核无误的收款凭证、付款凭证或汇总的银行存款收付凭证,登记银行存款总账,登记完毕,核对其发生额与银行收款凭证和付款凭证或银行存款汇总记账凭证的合计金额,并签字盖章表示已经登记。

7. 对账。是指在稽核人员监督下,出纳人员与银行存款总账会计对银行存款日记账和银行存款总账的发生额和余额相核对,并互相取得对方签证以对账,其目的是为了保证账账相符,保证会计资料的正确性、可靠性以及银行账务处理的正确性。

8. 调账。是指银行存款主管会计定期根据银行对账单对银行存款日记账进行核对,编制"银行存款余额调节表",并在规定的天数内对各未达账项进行检查,以保证企业的银行存款日记账与银行对账单相符,保证会计信息的准确性和及时性。

(二)银行存款内部控制的实施

1. 授权与批准。建立银行存款的内部控制制度,首先就要确立授权与批准的制度,即银行存款收付业务的发生,需要经单位主管人员或财务主管人员审批,并授权具体的人员经办,审批一般以签字盖章方式表示。该过程保证了银行存款的收支业务在授权下进行。

2. 职责区分、内部牵制。该程序体现钱账分管的内部控制原则,具体包括:

(1)银行存款收付业务授权与经办相分离。

（2）银行存款收付业务经办与审查相分离。

（3）银行存款收付业务经办与记账相分离。

（4）银行存款票据保管与银行存款记账人员相分离。

（5）银行存款票据保管与印章保管相分离。

（6）银行存款日记账和总账的登记相分离。

（7）银行存款记账与审核相分离。

（8）银行存款收付款凭证保管与银行存款日记账登记相分离。

3. 记录与审核。出纳人员复核了银行存款收付业务的原始凭证后，应及时填制或取得结算凭证，办理银行的结算业务，并对结算凭证和原始凭证加盖"收讫"或"付讫"戳记，表示该凭证的款项已实际收入或付出。会计人员根据会计主管审核无误的银行存款收付原始凭证编制银行存款收款凭证、付款凭证。原始凭证、收款凭证、付款凭证须经会计主管或授权稽核人员就其内容合法性、合理性、真实性逐一审核，并签字盖章后才可据以登记入账。

4. 文件管理。为了保证已发生经济业务安全完整，对收、付款凭证可以采取混合连续编号，也可以采取分类连续编号；同时对票据由专人负责保管；票据和结算业务发生时，须经财会部门主管人员或企业主管人员审核并要求经办人签字。

5. 核对。出纳人员定期编制"银行存款余额调节表"，交由会计主管人员检查，同时定期进行账账核对，以保证银行存款安全。

【任务实施】

出纳人员应编制"货币资金日报表"，反映企业各银行存款账户当日银行存款和现金的收、付和结存数额，格式见表 3 - 15。

表 3 - 15　　　　　　　　　货币资金日报表

年　　月　　日　　　　　　　　　　　单位:元

货币资金类别	昨日余额	本日收入	本日支出	本日余额
库存现金				
银行存款				
其中:基本存款户				
一般存款户				
合计				

主管:　　　　记账:　　　　出纳:　　　　复核:　　　　制单:

项目小结

　　银行存款是指企事业单位存放在银行或其他金融机构中的货币资金,是各单位资金管理的重点。根据《人民币银行结算账户管理办法》规定,企业可以根据需要开立四种存款账户,即基本存款账户、一般存款账户、临时存款账户和专用存款账户。

　　银行存款的核算与管理主要包括三部分内容,分别是:银行账户的管理、银行存款的核算以及银行存款内部控制制度等。

　　银行账户的管理主要是指银行账户的开立、变更、撤销和使用等内容的管理。

　　银行存款的核算包括银行存款收付原始凭证的填制、取得和审核;记账凭证的填制;银行存款日记账的开设与登记以及出纳报告的编制等。

　　银行存款内部控制制度是指企事业单位为维护银行存款的完整性,确保银行存款会计记录正确而对银行存款进行的审批、结算、稽核调整的自我调节和监督,具体应当包括八个控制点,分别是:审批、结算、分管、审核、稽核、记账、对账和调账等。各单位应根据自身特点,建立健全银行存款内部控制制度:授权和审批;职责区分、内部牵制;记录与审核;文件的管理;核对等,以保证货币资金的安全、完整、合法和有效。

思考与讨论

思考题

1. 银行存款内部控制制度包括哪些内容?

2. 如何编制银行存款余额调节表?

3. 如何根据企业实际需要编制出纳报告?

个案分析

　　郑州市某企业资金充裕,银行活期账户上经常有上千万资金流动,银行业务量大,每月有1000多笔记录。为减少错误,每月均将单位银行存款日记账与银行对账单核对无误后方结账。2005年初,会计急于结账,在帮助出纳核对银行账的过程中发现银行账对不上,在查找过程中发现有几笔未达账项不熟悉,上月银行存款余额调节表的调节后余额不相等等异常情况。会计逐笔仔细查找,发现一起舞弊

案件。

出纳舞弊的手法如下：制作虚假银行对账单，掩盖贪污挪用资金事实；用真实银行对账单余额对账，将多笔提取现金数额捏造成虚假银行已付而企业未付的未达账项；制作虚假银行存款余额调节表，调节表两边实际计算不相等，硬是将其凑相等等。

请分析上述舞弊案件给予你的启示。

项目三 技能训练

一、银行存款收付核算的技能训练

跃华电子有限公司属增值税一般纳税人,纳税人登记号 370602195023929,法人代表王杰,财务部长李阳,出纳员牛莉,制单员孙永香。开户银行:工商银行开发区支行,开户行地址:烟台市开发区长江路 288 号,账号 140602008987。

2020 年 11 月 1 日,跃华电子有限公司发生如下交易或事项:

1.

表 3-16　　　　　中国工商银行电子缴税付款凭证

填发日期 2020 年 11 月 1 日

纳税人识别号:370602195023929		
付款人全称:跃华电子有限公司		
付款人账号:140602008987	征收机关名称:烟台市地方税务局	
付款人开户银行:工商银行开发区支行	收款国库名称:开发区支库直属征收分局	
小写(合计)金额:￥8932.00		
大写(合计)金额:捌仟玖佰叁拾贰圆整		
税(费)种名称	所属时期	实缴金额
城市维护建设税	20201001 - 20201031	￥5684.00
教育费附加	20201001 - 20201031	￥2436.00
地方教育费附加	20201001 - 20201031	￥812.00

2.

表 3 – 17

山东增值税专用发票

发票联

开票日期 2020 年 11 月 1 日

购货单位	名 称：跃华电子有限公司 纳税人识别号：370602195023929 地址、电话：烟台市开发区长江路 288 号 开户行及账号：工行开发区支行 140602008987	密码区	6 * 20 – <6>6 –415306 –7 >3 +加密版本：01 81 –2964 +96364/6 +/ – <6 + 81 –64 >310 +/ –28 > <6 <52370012520 <7028/ –4142579/6 > >0614178545

货物或应税劳务名称	规格型号	单位	数量	单价	金额	税率	税额
电费		千瓦时	28521	0.790001	22531.62	13%	2929.11
合 计					￥22531.62		￥2929.11

价税合计(大写)⊗贰万伍仟肆佰陆拾元零柒角叁分	(小写) ￥25460.73

销货单位	名 称：烟台供电公司 纳税人识别号：370602801237329 地址、电话：烟台市南大街 635 号 6653421 开户行及账号：工商银行西山办 37002225265000113	备注	370602801237329 发票专用章

收款人： 复核： 开票:柳芳 销货单位:(章)

表 3 – 18

中国工商银行（鲁）

转账支票存根 No.36435978

附加信息

出票日期 2020 年 11 月 1 日

收款人:烟台供电公司

金 额:￥25460.73

用 途:付电费

单位主管 会计

3.

表 3－19

山东增值税专用发票

记账联

开票日期　2020 年 11 月 1 日

购货单位	名　　　称:枫叶服装公司 纳税人识别号:370602165022732 地址、电话:芝罘区二马路 68 号 6225621 开户行及账号:工行长江支行 140602007654			密码区	6 *20 - <6>06 - 7>3 +8 加密版本:01 81 - 2964 +96364/6 +/ - <6 + 81 - 64 >310 +/ - 28 > <6 <52370012520 <7028/ - 4142579/6 > >0614178545		
货物或应税劳务名称	规格型号	单位	数量	单价 6666.67	金额 20000	税率 13%	税额 2600
一体化摄像机		各	3				
合　计					￥20000.00		￥2600.00
价税合计(大写)⊗贰万贰仟陆佰圆整　　　(小写)￥22600.00							
销货单位	名　　　称:跃华电子有限公司 纳税人识别号:370602195023929 地址、电话:烟台市开发区长江路 288 号 开户行及账号:工行开发区支行 140602008987			备注			

收款人:　　　　　　复核:　　　　　　开票人:路平　　　　　　销货单位:(章)

表 3－20　　中国工商银行　进账单(收账通知)　　3

2020 年 11 月 1 日

出票人	全　　称	枫叶服装公司	收款人	全　　称	跃华电子有限公司
	账　　号	140602007654		账　　号	140602008987
	开户银行	工商银行长江支行		开户银行	工行开发区支行
金额	人民币 (大写)　贰万贰仟陆佰元整			亿千百十万千百十元角分 ￥2 2 6 0 0 0 0 0	
票据种类	转账支票				
票据张数	1 张		开户行签章		
复核	记账				

4.

表 3－21

山东省社会保险基金专用票据

流水号:13020021410081060572　　2020 年 11 月 1 日　　NO. A 606053293965

缴款人:跃华电子有限公司　　　　经济类别:0201004793　　　　检验码

收费项目	起始年月	终止年月	人数	单位缴纳额(元)	个人缴纳额(元)	滞纳金(元)	利息(元)	合计(元)
基本养老保险费	202011	202011	18	9414.72	4707.36	0	0	14122.08
失业保险费	202011	202011	18	411.84	205.92	0	0	617.76
基本医疗保险费	202011	202011	18	4589.64	1176.84		0	5766.48
工伤保险费	202011	202011	18	635.56				635.56
生育保险费	202011	202011	18					

金额合计(大写):贰万壹仟壹佰肆拾壹元捌角捌分　　　(小写):￥21141.88

收款单位(盖章)　　财务复核人:　　业务复核人:　　经办人:于晓

要求:根据上述原始凭证编制记账凭证。

说明:1. 该企业电费分摊时已通过"应付账款"账户核算;

2. 增值税专用发票的抵扣联略。

二、银行存款日记账的登记与核算技能训练

(一)资料

美好美公司 2010 年 7 月银行存款日记账记录和开户银行的 7 月份银行对账单如下:

表 3－22

银行存款日记账

2020 年		凭证		摘要	对方科目	借方	贷方	余额
月	日	字	号					
7	20			本日合计		60000	25000	675000
	22	银收	18	存款利息	财务费用	1500		676500
	24	银付	35	购办公用品	管理费用		2350	674150
	25	银付	36	提现备用	库存现金		35000	639150
	26	银收	19	收回货款	应收账款	200000		839150
	29	现付	15	存销货款	主营业务收入	11700		850850
	31	银收	20	存押金	其他应付款	3600		
	31	银付	37	会务费	管理费用		6250	
	31	银付	38	支付货款	应付账款		352100	
	31			本日合计		3600	358350	496100
	31			本月合计		670000	628000	496100

表 3－23　　　　中国银行烟台分行营业部对账单

2020 年 7 月 31 日

| 2020 年 | | 对方科目代号 | 摘要 | 凭证号 | | 借方 | 贷方 | 余额 |
月	日			现金支票	结算凭证			
7	20		以上记录略					675000
	21	251	结息单		38976		1500	676500
	23	10	托收凭证		8312		200000	876500
	25	10	现金支票	1785		35000		841500
	25	23	委托收款		24578		34500	876000
	26	65	进账单		45761	2350		873650
	29	10	现金交款单		7852		11700	885350
	31	380	汇兑		47216	352100		533250
	31	518	委托付款		36481	35800		497450

（二）要求：

1. 核对银行存款日记账和银行对账单，查找未达账项。

2. 编制银行存款余额调节表。

3. 确定该公司在银行的实际存款数额。

项目四 银行结算

【学习目标】

通过学习,使学生了解银行结算的有关规定,能够准确识读外汇牌价,掌握银行结算凭证的使用,熟练运用各种结算方式进行款项结算。

【重点难点】

1. 支票的填制、使用及其账务处理;

2. 银行本票、银行汇票的取得、使用及其账务处理;

3. 汇兑结算方式的使用及其账务处理;

4. 商业汇票的使用及其账务处理;

5. 汇率的表示方法;

6. 信用证的使用。

按照国家对货币管理的规定,一切企业、机关、部队和事业单位,都必须在银行开设账户,将资金存入银行。各单位之间的经济往来,除了根据现金管理规定可以使用现金以外,都必须通过银行办理转账结算。各单位转账结算业务一般由出纳人员经办,因此作为出纳人员,必须熟练掌握银行结算办法相关规定。转账结算业务按照是否跨国收付可分为国内结算和国际结算。

第一部分 国内结算

任务一 认识银行结算

【任务目标】

通过本次任务的学习,了解银行结算的含义与作用,熟悉银行结算工具的种类及结算凭证的填制要求。

【任务导入】

【例4-1】烟台富尔玛家居超市在中国建设银行烟台分行开立了基本存款户,其经济活动所发生的货币收支一般应通过银行账户进行转账结算,请问常用的结算工具有哪几种?

【相关知识】

一、银行结算的含义

所谓结算,就是经济往来所引起的货币收付行为。货币主要是指现金和银行存款,使用现款进行的结算称为现金结算。根据现金管理制度规定,现金结算主要用于对个人的款项收付,单位之间发生的大额经济往来不直接动用现金,而是通过银行将款项从付款单位账户划转到收款单位账户,此种结算方式,叫做银行结算。银行结算也称转账结算,或非现金结算。

二、银行结算的作用

银行是社会生活中各项资金清算的中介,是联系资金和经济活动的纽带。各单位之间的经济往来集中于银行统一办理转账结算,接受银行监督,所以,银行结算对国民经济的发展有着重要的作用。

(一)银行结算与现金结算相比,既可以缩短结算过程,而且简便、迅速、安全。

(二)银行结算可使大量现金从流通中分离出来,不仅减少了人民币的印刷、清点、保管、运输造成的人力、财力、物力的耗费,也为有计划地组织和调节货币流通创造了必要条件。

(三)可以维护正当的经济往来,避免违反财经纪律的行为,保障国民经济的顺利进行。

三、银行结算工具

(一)银行结算工具的种类

银行结算工具主要有票据、信用卡和结算凭证三类。其中:票据又可分为支票、银行本票、银行汇票和商业汇票四种;结算凭证又可分为汇兑、委托收款和托收承付三种。

(二)结算凭证的填写要求

在办理转账结算过程中,各种结算凭证是办理转账结算和现金收付的重要依据,直接关系到资金结算的准确性、及时性和安全性,同时各种结算凭证还是银行、单位和个人记录经济业务、明确经济责任的书面证明,因此,各单位和有关个人必须按照规定认真填写银行结算凭证。各单位在填写银行结算凭证时,必须做到:

1. 认真、完整填写凭证内容。对于结算凭证上所列的收、付款人和开户单位名称、日期、账号、大小写金额、收付款地点、用途等应逐项认真填写,不得省简或遗漏。

2. 规范填写凭证金额数字。在填写票据和凭证时,必须做到:要素齐全,内容真实,数字正确,字迹清楚,不潦草,不错漏,严禁涂改。

3.单位和银行的名称用全称,异地结算应冠以省(自治区、直辖市)、县(市)字样。军队一类保密单位使用的银行结算凭证可不填用途。

在填写票据和结算凭证时,银行对结算凭证的金额大小写要求极为严格,不按规范填写,银行将不予受理。

四、银行结算的基本要求

各单位办理银行结算,必须了解并遵守以下基本要求:

1.各单位办理银行结算必须严格执行国家法律、法规和银行结算办法的各项规定。

2.在银行开立账户的单位办理转账结算,账户内必须有充足的资金保证支付。

3.各单位办理结算必须使用银行统一规定的票据和结算凭证。

4.银行、单位办理结算应遵守"恪守信用,履约付款;谁的钱进谁的账,由谁支配;银行不垫款"的结算原则。

5.各单位办理结算,必须严格执行银行结算纪律,不准签发空头支票和远期支票,不准套取银行信用。

6.银行根据结算办法的规定审查票据和结算凭证,收付双方发生的经济纠纷应由其协商,或向仲裁机关、人民法院申请调解或裁决。

【任务实施】

银行结算工具主要有票据、信用卡和结算凭证三类,企业应按照有关规定选择使用。

任务二 支票结算方式

【任务目标】

通过对支票结算方式的学习,了解支票的使用范围和有关规定,能够正确填写支票,熟练运用支票进行款项结算。

【任务导入】

【例4-2】北明电子有限公司法人代表魏强,出纳员李倩,制单员魏芳。开户银行:建设银行东山支行,地址:烟台市祥贞路88号,账号005600998,开户行行号:102651000480。2020年9月,北明电子有限公司发生如下经济业务:

1.1日,签发现金支票48300元,提取现金作为备用金。

2.10日,从宏昌实业有限公司购买材料8503.73元,进项税额1105.48元,价税合计9609.21元,材料验收入库,经批准开出转账支票交业务员李铭。

3.13日,经批准签发转账支票51680.50元,委托开户银行将款项划给在工商

银行白石路分理处开户的东方明珠有限公司,归还前欠货款。(东方明珠账号: 2831 1027 5668)

4.15日,销售给九州商厦有限公司产品33132.74元,开出增值税专用发票,增值税4307.26元,价税合计37440元,产品已经发出,收到一张转账支票。(九州商厦有限公司开户银行:建设银行莱山支行,账号110273886676)

请问:如果你是该公司的出纳,应如何进行处理?

【相关知识】

一、支票及其使用范围

支票是出票人签发的,委托办理支票存款业务的银行在见票时无条件支付确定的金额给收款人或者持票人的票据。

支票分为现金支票、转账支票和普通支票,格式如图4-1、图4-2和图4-3所示。

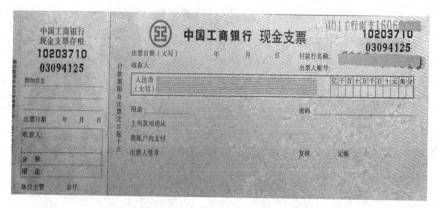

图4-1　现金支票格式

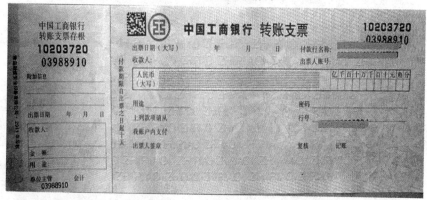

图4-2　转账支票格式

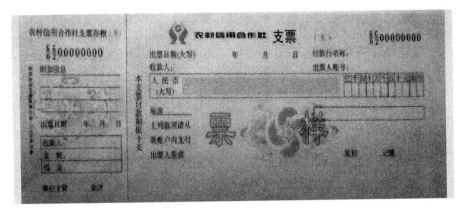

图4-3　普通支票格式

其中,现金支票只能用于支取现金,转账支票只能用于转账。未印有"现金"或"转账"字样的为普通支票,普通支票可以用于支取现金,也可以用于转账。在普通支票左上角画两条平行线的,为画线支票,画线支票只能用于转账,不得支取现金。

单位和个人在同一票据交换区域的各种款项结算,均可使用支票。全国支票影像系统支持全国使用。

二、支票结算的基本规定

(一)支票一律记名。就是签发的支票必须注明收款人的名称,并只准收款人或签发人向银行办理转账或提取现金。在中国人民银行总行批准的地区,转账支票可以背书转让。

(二)支票的提示付款期限为自出票日起10日内,超过提示付款期限,持票人开户银行不予受理,付款人不予付款。

(三)支票的金额起点为100元。

(四)签发支票应使用墨汁、碳素墨水或签字笔填写,大小写金额、签发日期和收款人不得更改,其他内容若有修改,必须由签发人加盖预留银行印鉴。

(五)企业不得签发空头支票,不得签发与其预留银行签章不符的支票。签发空头支票,银行除退票外,还按票面金额处以5%但不低于1000元的罚款。持票人有权要求出票人给予票面金额2%的赔偿金。

(六)已签发的现金支票遗失,可向银行申请挂失;挂失前已经支付的,银行不予受理。已签发的转账支票遗失,银行不予挂失,可请求收款人共同防范。

三、支票的填写

(一)正面

1.出票日期:数字必须大写,大写数字写法:零、壹、贰、叁、肆、伍、陆、柒、捌、玖、拾。为防止变造票据的出票日期,在填写月、日时,月为壹、贰和壹拾的,日为壹至玖和壹拾、贰拾和叁拾的,应在其前面加"零";日为拾壹至拾玖的,应在其前面加"壹"。

2.收款人:应填写单位全称。转账支票收款人应填写对方单位名称。

3.付款行名称、出票人账号:为本单位开户银行名称及银行账号,银行账号须小写。一般在购买支票时已加盖戳记。

4.金额:

(1)人民币(大写):大写金额数字到"元"为止的,在"元"之后,应写"整"(或"正")字;在"角"之后,可以不写"整"(或"正")字;大写金额有"分"的,不写"整"(或"正")字。

(2)人民币(小写):数字之前加人民币符号"￥"。

5.支付密码:在支票正面小写金额栏下方预留空格栏,对约定使用支付密码作为支付票据金额依据的,出票人可在此记载支付密码。

企业和个人用户在签发票据或支付凭证时,将票据或支付凭证上的"四大要素",即号码、账号、出票日期、金额输入支付密码器,经密码器加密运算后,得出16位数字密码,再将此数字密码填写在票据或支付凭证的规定位置,作为印鉴审核的辅助形式。

6.用途:

(1)现金支票有一定限制,一般填写"备用金""差旅费""劳务费"等。

(2)转账支票没有具体规定,可填写如"货款""代理费"等等。

7.盖章:

在支票正面"出票人签章"处加盖预留银行印鉴章;印章必须清晰,印章模糊只能将本张支票作废,换一张重新填写并盖章。

(二)背面

1.现金支票:收款人为单位的,需加盖预留银行印鉴章;收款人为个人的,需提交个人身份证并填写身份证号码、签字。

2.转账支票:收款单位按银行要求填写背书字样,并加盖预留银行印鉴章。

3.附加信息:预算单位可以根据财政部门的相关管理规定,在此填写预算管理类型、预算科目、支出类型等代码信息。其他客户也可根据系统、行业或内部管理的需要,在此记载相关信息。

需要说明的是,"附加信息"并非票证的必要记载事项,欠缺该记载事项并不影响票据的效力。

四、支票结算的基本程序及账务处理

(一)现金支票结算程序及账务处理

开户单位用现金支票提取现金时,由出纳员签发现金支票并加盖预留银行印鉴章后,到开户银行提取现金;支票存根联作为记账依据,借记"库存现金"账户,贷记"银行存款"账户。

开户单位用现金支票向外单位或个人支付现金时,由付款单位出纳员签发现金支票并加盖预留银行印鉴章、注明收款人后交收款人,收款人审核无误后,持现金支票到付款单位开户行提取现金,并按银行要求交验有关证件。

(二)转账支票结算程序及账务处理

转账支票可分为借记支票和贷记支票。其中,由付款人交收款人办理结算的支票称作借记支票;由付款人交付款人开户银行办理结算的支票,称作贷记支票。

1.借记支票结算程序及账务处理

付款人根据应支付的款项签发转账支票后交收款人,凭支票存根联,贷记"银行存款"账户,借记有关账户。收款人审核无误后收妥支票,填制一式三联"进账单",连同支票一起送交本单位开户银行,银行受理后,在"进账单"回单联(格式见表4-4)加盖银行业务章,并退回收款人。银行间办理划款,收款人开户行收妥款项后,将"进账单"的收账通知联(格式见表4-7)交收款人,作为记账的依据,收款人据有关单证,借记"银行存款"账户,贷记有关账户。

"进账单"一式三联,第一联为回单联;第二联为贷方凭证联,收款人开户行作收入凭证;第三联为收账通知联,收款人开户行收款后交收款人。

支票应审核下列内容:支票收款人或被背书人是否确为本收款人;支票签发日期是否在付款期内;大小写金额是否相等;背书转让的支票背书是否连续,有无"不得转让"字样;大小写金额、签发日期和收款人有无更改,其他内容若有修改,是否加盖预留银行印鉴章;签发人盖章是否齐全等。

借记支票结算基本程序如图4-4所示。

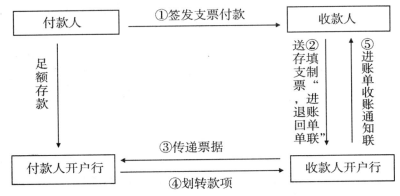

图4-4 借记支票结算程序示意图

2.贷记支票结算程序及账务处理

付款人根据需要签发转账支票,并填制一式三联的"进账单",将填写完整的支票正联和进账单送交开户银行,银行柜员审查无误后,在进账单回单联加盖银行业务章,并退回付款人作为记账的依据,贷记"银行存款"账户,借记有关账户。收款人收到银行转来的"进账单"收账通知联,审核无误后交制单员编制记账凭证,借记"银行存款"账户,贷记有关账户。

贷记支票结算基本程序如图4-5所示。

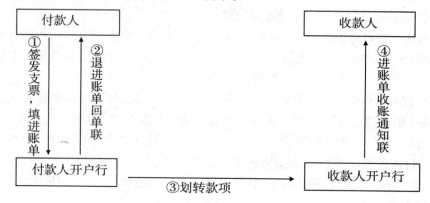

图4-5　贷记支票结算程序示意图

五、注意事项

(一)存款人向银行购买支票时,必须填写"空白凭证领购单",并加盖预留银行印鉴章,经银行核对印鉴相符后,根据规定收取工本费和手续费,退"空白凭证领购单"第三联,发给空白支票,出纳在支票登记簿中注明领用日期、支票起止号码等,以备查对。

单位撤销、合并清算账户时,应将剩下的空白支票全部交回银行注销。

(二)支票应由财会人员或使用人员签发,不得将支票交收款人代为签发。

(三)要严格控制携带空白支票外出采购。对预先不能确定采购物资单价、金额的,经单位领导批准,可将已填明收款人名称和签发日期、明确款项用途的支票交采购人员,使用支票人员回单位后必须及时向财务部门结算。

(四)支票遗失的处理

1.出票人将已经签发的、内容齐备的、可以直接支取现金的支票遗失或被盗等,应当出具公函或有关证明,到开户行填写两联挂失申请书,加盖预留银行印鉴章,向开户银行申请挂失止付。银行查明该支票确未支付,经收取一定的挂失手续费后受理挂失。

2.收款人将收受的可以直接支取现金的支票遗失或被盗等,也应当出具公函或有关证明,填写两联挂失止付申请书,经付款人签章证明后,到收款人开户银行申请挂失止付。其他有关手续同上。

【任务实施】

1.9 月 1 日,李倩根据需要应填制现金支票(见表 4－1),将支票的正联送交开户银行提取现金;存根联交制单员编制记账凭证:

借:库存现金　　　　　　　　　　　　　　　　　48300

　　贷:银行存款　　　　　　　　　　　　　　　　　　48300

表 4－1

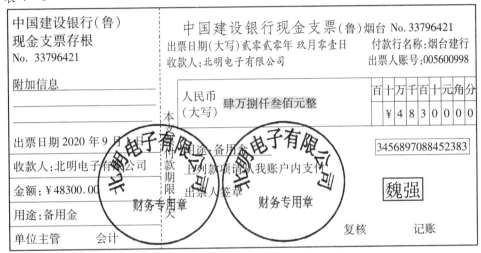

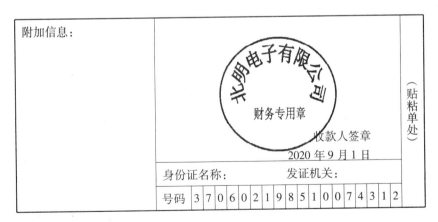

其中:

(1)出票日期:应填写"贰零贰零年玖月零壹日"。

(2)收款人:应填写为本单位全称,即"北明电子有限公司"。

(3)人民币(大写):应填写"肆万捌仟叁佰元整"。

(4)支付密码:将票据或支付凭证上的"四大要素",经密码器加密运算后,得

出16位数字密码,若为3456 8970 8845 2383,再将此数字密码填写在规定位置。

（5）用途：填写"备用金"。

（6）盖章：在支票正面"出票人签章"处加盖财务专用章和法人代表名章；在正面骑缝处加盖财务专用章。

（7）将填制完整的支票正联送交开户银行提取现金，支票存根联作为记账的依据，交制单员编制记账凭证。

2.9月10日，出纳员审核付款手续是否齐全，审查无误后，开出转账支票（见表4-2），李铭在存根联签名后，出纳员将正联交李铭；出纳员将存根联交制单员作为记账依据；制单员根据增值税专用发票、入库单（单据略）及支票存根等编制会计分录：

```
借：原材料                        8503.73
    应交税费——应交增值税（进项税额）  1105.48
    贷：银行存款                          9609.21
```

表4-2

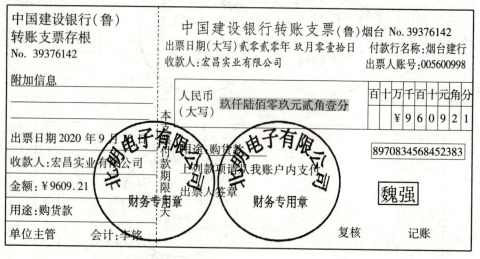

3.9月13日，出纳签发转账支票（见表4-3），并填制一式三联进账单（见表4-4），将支票正联和进账单一同送交开户银行。银行审核无误后，在"进账单"回单联加盖银行业务章，退回出纳员。出纳员将回单联交制单员，作为记账依据，制单员根据支票存根和"进账单"回单联编制会计分录：

```
借：应付账款                        51680.50
    贷：银行存款                          51680.50
```

表4-3

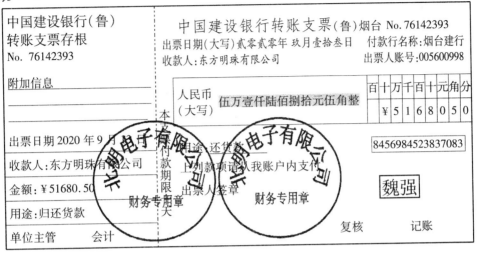

中国建设银行(鲁) 转账支票存根 No. 76142393	中国建设银行转账支票(鲁)烟台 No. 76142393

中国建设银行(鲁)
转账支票存根
No. 76142393

附加信息 _____
_____

出票日期 2020 年 9 月

收款人：东方明珠有限公司

金额：￥51680.50

用途：归还货款

单位主管　　会计

中国建设银行转账支票(鲁)烟台 No. 76142393

出票日期(大写)贰零贰零年 玖月壹拾叁日　付款行名称:烟台建行

收款人:东方明珠有限公司　　出票人账号:005600998

人民币(大写) 伍万壹仟陆佰捌拾元伍角整

百十万千百十元角分
￥5 1 6 8 0 5 0

用途：还货款

上列款项请从我账户内支付

出票人签章

8456984523837083

魏强

复核　　　记账

本支票付款期限　　天

财务专用章　　财务专用章

附加信息：	被背书人：	被背书人：	(贴粘单处)
	背书人签章　年　月　日	背书人签章　年　月　日	

表4-4　　　中国建设银行　　进账单(回单)　　　1

2020 年 9 月 13 日

出票人	全　称	北明电子有限公司	收款人	全　称	东方明珠有限公司										
	账　号	005600998		账　号	283110275668										
	开户银行	建设银行东山支行		开户银行	工商银行白石路分理处										
金额	人民币(大写) 伍万壹仟陆佰捌拾元伍角整					亿	千	百	十	万	千	百	十	元	角	分
								￥5	1	6	8	0	5	0	
票据种类	转账支票	票据张数	1 张												
票据号码	76142393														
复核　　　记账															

中国建设银行烟台东山支行
2020.09.13
业务专用章
开户行签章

4.9 月 15 日,收到九州商厦有限公司采购员交来的"转账支票"正联(见表 4 -5),审核支票内容是否完整、准确,背书是否连续等,审核无误收妥支票,开出收款收据(见表 4 - 6)。

表 4 - 5

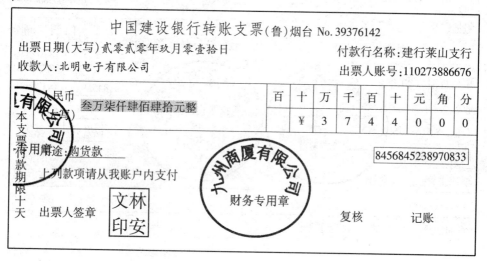

表 4 - 6　　　　　收 款 收 据

2020 年 9 月 15 日　　　　No.0006457

今收到　九州商厦有限公司转账支票一张

摘要　销货款

人民币叁万柒仟肆佰肆拾元整(¥37440.00)

此　据

单位盖章:　　　　　　　　　　　　经手人盖章:李倩

三　记账(绿)

负责人:　　　　会计:　　　　出纳:李倩

出纳员在支票的背面加盖预留银行印鉴章,并按银行要求填写"被背书人",再填制一式三联"进账单",连同支票一起送开户银行。银行柜员审核无误后,在进账单回单联(表4-7)加盖银行业务章,并退回出纳员。开户行收回款项后,出纳员将"进账单"收账通知联(表4-8),交制单员编制记账凭证:

借:银行存款　　　　　　　　　　　　　　37440
　贷:主营业务收入　　　　　　　　　　　33132.74
　　应交税费——应交增值税(销项税额)　　4307.26

表4-7　　　　　中国建设银行　进账单(回单)　　1

2020 年 9 月 15 日

出票人	全　称	九州商厦有限公司	收款人	全　称	北明电子有限公司	
	账　号	110273886676		账　号	005600998	
	开户银行	建设银行莱山支行		开户银行	建设银行东山支行	

金额	人民币(大写)	叁万柒仟肆佰肆拾元整		亿 千 百 十 万 千 百 十 元 角 分
				￥ 3 7 4 4 0 0 0

票据种类	转账支票	票据张数	1 张	
票据号码	39376142			中国建设银行烟台东山支行 2020.09.15 业务专用章
复核		记账		

此联是收款人开户行给收款人回单

表4-8　　　　　中国建设银行　进账单(收账通知)　　3

2020 年 9 月 15 日

出票人	全　称	九州商厦有限公司	收款人	全　称	北明电子有限公司	
	账　号	110273886676		账　号	005600998	
	开户银行	建设银行莱山支行		开户银行	建设银行东山支行	

金额	人民币(大写)	叁万柒仟肆佰肆拾元整		亿 千 百 十 万 千 百 十 元 角 分
				￥ 3 7 4 4 0 0 0

票据种类	转账支票	票据张数	1 张	
票据号码	39376142			建设银行 东山支行 2020.09.15 转讫
复核		记账		

此联是收款人开户行给收款人收账通知

任务三 银行本票结算方式

【任务目标】

通过对银行本票结算方式的学习,了解银行本票的使用范围和有关规定,能够正确运用本票进行业务结算。

【任务导入】

【例4-3】北明电子有限公司2020年10月发生如下经济业务:

1. 9日,业务员魏平根据采购计划,从宏达有限公司购买材料20707.96元,进项税额2692.04元,价税合计23400元,经批准使用银行本票。

2. 20日,收到东方商厦交来银行本票一张,金额50310元,用于偿还前欠货款,出纳向开户银行办理收款手续。

3. 21日,向天航公司销售产品51769.91元,增值税专用发票中注明税款6730.69元,价税合计58500元,产品已经发出,收到一张银行本票。由于丽景制衣有限公司货款到期,经批准将该本票背书给丽景制衣有限公司。

请问:作为公司的出纳李倩应如何进行处理?

【相关知识】

一、银行本票及其使用范围

银行本票是银行签发的,承诺自己在见票时无条件支付确定的金额给收款人或者持票人的票据。银行本票格式如图4-6所示。

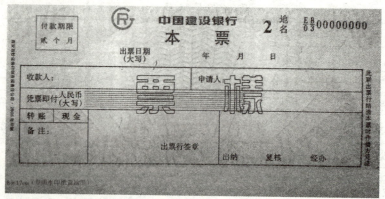

图4-6 银行本票格式

银行本票可以用于转账,注明"现金"字样的银行本票可以用于支取现金。

银行本票适用于单位、个体经济户和个人在同一票据交换区域内的商品交易、劳务供应及其他款项的结算。

二、银行本票结算的基本规定

(一)银行本票一律记名。注明"转账"字样的银行本票,在同一票据交换区域内允许背书转让。

(二)银行本票的提示付款期限自出票日起,最长不超过2个月,在付款期内银行见票即付。持票人超过付款期限提示付款的,银行不予受理。

(三)注明"现金"的银行本票遗失,可以挂失止付。

三、银行本票结算程序及账务处理

(一)申请人办理银行本票,应向银行提交一式三联"银行本票申请书"(如表4-9),详细填明收款人名称、金额、日期等内容,并加盖预留银行印鉴章;若个体经济户和个人需要支取现金的,还应填明"现金"字样(未在银行开户的个人还应提供个人身份证,并将现金交银行办理本票),再将"银行本票申请书"送本单位开户银行。

"银行本票申请书"一式三联,第一联为银行本票申请人记账依据;第二联为签发行办理本票的付款凭证,第三联为签发行办理本票的收款凭证。

(二)银行受理银行本票申请书,在收妥款项后签发银行本票,并加盖"银行本票专用章",连同加盖转讫章的"银行本票申请书"第一联(回单联)退还申请人。需要支取现金的,在银行本票上划去"转账"字样。

申请人根据"银行汇票申请书"回单联,借记"其他货币资金—银行本票"账户,贷记"银行存款"账户。

(三)申请人持银行本票向填明的收款单位或个体工商户办理结算。收款人收到付款人交来的银行本票,审查无误后,应填制一式三联的"进账单",连同本票一起送交开户银行办理收款入账手续。收款人据"进账单"的收账通知,借记"银行存款"账户,贷记有关账户。

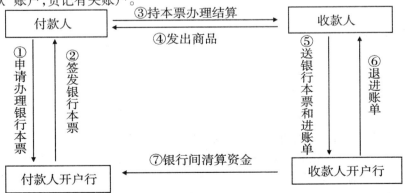

图4-7 银行本票结算程序示意图

注明转账的本票,收款人收妥后可以背书转让。背书时,在本票背面"被背书人"处注明对方单位全称,在背书人签章处加盖本单位预留银行印鉴章后,交对方单位。银行本票结算基本程序如图4-7所示。

四、其他货币资金

其他货币资金是指除现金和银行存款以外的货币资金,包括银行本票存款、银行汇票存款、信用卡存款、信用证保证金存款、存出投资款和外埠存款等。

为了反映这部分资金的增减变动情况,应设置"其他货币资金"账户,该账户属于资产类账户,借方登记其他货币资金的增加数,贷方登记其他货币资金的减少数,期末余额在借方,表示其他货币资金的实有数。该账户按其他货币资金的种类设置明细账户。

(一)银行本票存款

银行本票存款是指企业为取得银行本票,按照规定存入银行的款项。

企业向银行提交"银行本票申请书"并将款项交存银行,取得银行本票时,应根据银行盖章退回的申请书存根联,编制付款凭证,借记"其他货币资金——银行本票"账户,贷记"银行存款"账户。企业用银行本票支付购货款等款项后,应根据发票账单等有关凭证,借记"原材料""应交税费——应交增值税(进项税额)"等账户,贷记"其他货币资金——银行本票"账户。

(二)银行汇票存款

银行汇票存款是指企业为取得银行汇票,按照规定存入银行的款项。

企业向银行提交"银行汇票申请书"并将款项交存开户银行,取得汇票后,根据银行盖章的申请书存根联,编制付款凭证,借记"其他货币资金——银行汇票"账户,贷记"银行存款"账户。企业使用银行汇票支付款项后,根据发票账单及开户行转来的有关凭证,经核对无误后编制会计分录,借记"材料采购""应交税费——应交增值税(进项税额)"等账户,贷记"其他货币资金——银行汇票"账户。如实际采购支付后银行汇票有余额,应在收到退回的多余款项时,应借记"银行存款"账户,贷记"其他货币资金——银行汇票"账户。

(三)外埠存款

外埠存款是指企业到外地进行临时或零星采购时,汇往采购地银行开立采购专户的款项。该账户的存款不计利息,除采购员差旅费可以支取少量现金外,一律转账。采购专户只付不收,付完清户。

企业将款项委托当地银行汇往采购地开立专户时,根据汇出款项凭证,借记"其他货币资金——外埠存款"账户,贷记"银行存款"账户,收到外出采购人员交来的用外埠存款支付材料款的发票账单等报销凭证时,借记"材料采购"或"原材料""应交税费——应交增值税(进项税额)"等账户,贷记"其他货币资金——外埠存款"账户。采购完毕收回剩余款项时,借记"银行存款"账户,贷记"其他货币资金——外埠存款"账户。

(四)信用卡存款

信用卡存款是指企业为取得信用卡而存入银行信用卡专户的款项。

企业申领信用卡,按照有关规定填制申请表,并按银行要求交存备用金,银行开立信用卡存款账户,发给信用卡。企业根据银行盖章退回的交存备用金的进账单,借记"其他货币资金——信用卡存款"账户,贷记"银行存款"账户;企业收到开户银行转来的信用卡存款的付款凭证及所附发票账单,经核对无误后进行会计处理,借记"管理费用"等账户,贷记"其他货币资金——信用卡存款"账户。

(五)信用证保证金存款

信用证有国际信用证、国内信用证之分,以下内容专指国内信用证(以下简称"信用证")。

信用证是指银行(包括政策性银行、商业银行、农村合作银行、村镇银行和农村信用社)依照申请人的申请开立的、对相符交单予以付款的承诺。它是以人民币计价、不可撤销的跟单信用证。信用证的开立和转让,应当具有真实的贸易背景,适用于银行为国内企事业单位之间货物和服务贸易提供的信用证服务。信用证只限于转账结算,不得支取现金。

信用证保证金存款是指采用信用证结算方式的企业为开具信用证而存入银行信用证保证金专户的存款。企业向银行申请开立信用证,应按规定向银行提交开证申请书、信用证申请人承诺书和购销合同。

企业填写"信用证申请书",将信用证保证金交存银行时,应根据银行盖章退回的"信用证申请书"回单,借记"其他货币资金——信用证保证金"科目,贷记"银行存款"科目;企业接到开证行通知,根据供货单位信用证结算凭证及所附发票账单,借记"原材料"或"材料采购"、"应交税费——应交增值税(进项税额)"等科目,贷记"其他货币资金——信用证保证金"科目;未用完的信用证保证金存款转回开户银行时,借记"银行存款",贷记"其他货币资金——信用证保证金"科目。

(六)存出投资款

存出投资款是指企业为购买股票、债券、基金等根据有关规定存入在证券公司指定银行开立的投资款专户的款项。企业向证券公司划出资金时,应按实际划出的金额,借记"其他货币资金——存出投资款"科目,贷记"银行存款"科目;购买股票、债券、基金等时,借记"交易性金融资产"等科目,贷记"其他货币资金—存出投资款"科目。

【任务实施】

1.10月9日,李倩填制一式三联"银行本票申请书",见表4-9、表4-10(第三联略),并在第二联"申请人盖章"处加盖预留银行印鉴章。银行审核无误后,收妥款项并签发银行本票,将银行本票正联(见表4-11)和已加盖银行业务章的"银行本票申请书"回单交申请人。李倩将本票正联交采购员向填明的收款单位办理结算;回单联交制单员进行账务处理:

借:其他货币资金——银行本票　　　　　　　　　　　　23400
　　贷:银行存款　　　　　　　　　　　　　　　　　　　23400

表4-9　　　　　　中国建设银行本票申请书(存根)

申请日期 2020 年 10 月 9 日　　　　　　第　号

申请人	北明电子有限公司	收款人	宏达有限公司										
账号或住址	005600998	账号或住址	2300 9800 0567 7800										
用途	购货款	代理付款行	工行白石路办理处										
汇票金额	人民币(大写)　贰万叁仟肆佰元整			千	百	十	万	千	百	十	元	角	分
						¥2	3	4	0	0	0	0	
备　注		科　目　　　　　　转讫 对方科目 财务主管　　复核　　经办											

（此联申请人留存）

表4-10　　　　　　中国建设银行本票申请书(借方凭证)

申请日期 2020 年 10 月 9 日　　　　　　第　号

申请人	北明电子有限公司	收款人	宏达有限公司										
账号或住址	005600998	账号或住址	2300 9800 0567 7800										
用途	购货款	代理付款行	工行白石路分理处										
汇票金额	人民币(大写)　贰万叁仟肆佰元整			千	百	十	万	千	百	十	元	角	分
						¥2	3	4	0	0	0	0	
此联此联出票行作借方凭证 魏强 申请人盖章　财务专用章		科　目(借) 对方科目(贷) 密　押 转账日期　年　月　日 复核　　　记账											

（此联出票行作借方凭证）

表4-11　　　　　　中国建设银行　本票　　2　　地名　17243639

付款期限壹个月		

出票日期(大写)贰零贰零年零壹拾月零玖日

收款人:宏达科技有限公司	申请人:北明电子有限公司

凭票即付	人民币(大写)	**贰万叁仟肆佰元整**

转账	现　金	
备注:		

建设银行股份有限公司
04560001061
本票专用章
出票行签章

出纳:　　复核:　　记账:

2.10月20日,收到东方商厦交来的银行本票一张,审查无误后收妥本票,并开出收款收据。出纳员在银行本票的背面加盖预留银行印鉴章,按银行要求填写"被背书人",并填制"进账单"送开户银行。银行审核无误后,在进账单回单联加盖银行业务章后退回出纳员;出纳员将收账通知联交制单员编制记账凭证:

　　借:银行存款　　　　　　　　　　　　　　　50310
　　　贷:应收账款——东方商厦　　　　　　　　　50310

表4-12

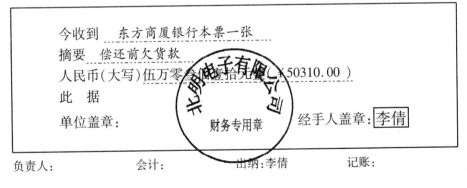

收　款　收　据

2020年10月20日　　　　　　No.00064587

今收到　东方商厦银行本票一张
摘要　偿还前欠货款
人民币(大写)伍万零叁佰壹拾元整(¥50310.00)
此　据
单位盖章:　　　　　　　　　　　经手人盖章:李倩

财务专用章

负责人:　　　会计:　　　出纳:李倩　　　记账:

表 4 - 13　　　　　中国建设银行　本票　　2　　地名　63172439

付款期限壹个月	出票日期(大写)贰零贰零年零壹拾月零贰拾日	
收款人:北明电子有限公司		申请人:东方商厦有限公司
凭票即付　人民币(大写)　**伍万零叁佰壹拾元整**		
转账　现金		
备注:	建设银行股份有限公司 1045610698071 本票专用章 出票行签章	出纳:　复核:　记账:

此联出票行结清本票时作借方凭证

被背书人:建设银行东山支行	被背书人:
委托收款 北明电子有限公司 财务专用章 背书人签章 2020年10月20日	背书人签章 年　月　日
	身份证件名称:　　发证机关:
	号码

(贴粘单处)

表 4 - 14　　　　中国建设银行　进账单(回单)　　1

2020 年 10 月 20 日

出票人	全　称	东方商厦有限公司	收款人	全　称	北明电子有限公司										
	账　号	562831102768		账　号	005600998										
	开户银行	建设银行莱山支行		开户银行	建设银行东山支行										
金额	人民币(大写)　**伍万零叁佰壹拾元整**					亿	千	百	十	万	千	百	十	元	角	分
									¥	5	0	3	1	0	0	0
票据种类	银行本票	票据张数	1 张													
票据号码	63172439		中国建设银行烟台东山支行 2020.10.20 业务专用章													
复核		记账														

此联是收款人开户行给收款人回单

表 4－15　　中国建设银行　进账单（收账通知）　　3

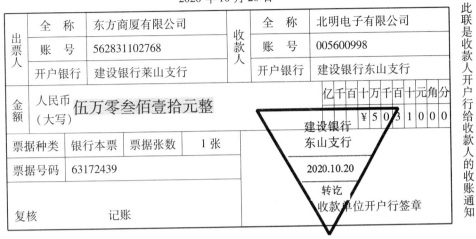

3. 10 月 21 日,收到天航公司采购员交来的银行本票等单据,审查无误后收妥本票,并开具收款收据(略)。出纳员在"被背书人"处填写"丽景制衣有限公司",在"背书人签章"处加盖预留银行印鉴章,交给丽景制衣有限公司。出纳员将丽景公司开具的收款收据交制单员,制单员据收款收据、增值税专用发票(略)等,编制会计分录:

借:应付账款　　　　　　　　　　　　　58500
　　贷:主营业务收入　　　　　　　　　　　51769.91
　　　　应交税费——应交增值税(销项税额)　　6730.09

表 4－16　　　中国建设银行　本票　　2

被背书人:丽景制衣有限公司	被背书人:	
委托收款 北明电子有限公司 财务专用章 背书人签章 2020 年 10 月 21 日	背书人签章 年　　月　　日	（贴粘单处）
	身份证件名称:　　　　　发证机关:	
	号码	

任务四　银行汇票结算方式

【任务目标】

通过对银行汇票结算方式的学习,了解银行汇票的使用范围和有关规定,能够正确使用银行汇票进行款项结算。

【任务导入】

【例4-4】北明电子有限公司2020年10月,发生如下经济业务:

1. 10 日,业务员魏平根据采购计划,准备从泰新有限公司购买材料,申请使用银行汇票240000元。泰新公司开户行:工行大连中山支行,账号:8305 2965 0067 7850。

2. 21 日,销售产品36446.02元,开出增值税专用发票,价税合计41184元,产品已经发出,收到东方商厦交来的银行汇票一张,汇票金额42000元。

3. 25 日,收到银行汇票的"多余款收账通知"联,汇票出票金额240000元,实际结算金额234000元。

请问:作为公司的出纳李倩应进行如何处理?

【相关知识】

一、银行汇票及其使用范围

银行汇票是出票银行签发的,由其在见票时,按照实际结算金额无条件支付给收款人或持票人的票据,其格式如图4-8所示。

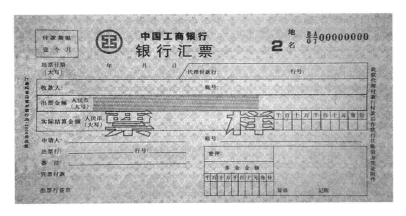

图 4 - 8　银行汇票格式

银行汇票可以用于转账,注明"现金"字样的银行汇票可以用于支取现金。

银行汇票适用于单位、个体经济户和个人之间各种款项的结算。

二、银行汇票结算的基本规定

(一)银行汇票一律记名。汇款人申请办理银行汇票时,应在"银行汇票申请书"上详细填明兑付地点、收款人名称、账户、用途等项内容。

(二)注明"转账"字样的银行汇票允许背书转让。

(三)银行汇票的提示付款期限自出票日起 1 个月。逾期的银行汇票,银行不予受理。

(四)挂失的规定。持票人遗失了填明"现金"字样的银行汇票,应立即挂失止付。填明"转账"的银行汇票遗失,在付款期满后 1 个月内,确未冒领的可以办理退汇手续。

三、银行汇票结算程序及账务处理

(一)签发银行汇票。申请人需要办理银行汇票时,应填写一式三联的"银行汇票申请书"(格式见表 4 - 17),送本单位开户银行,银行审查无误后,据"银行汇票申请书"办理收款手续,然后签发银行汇票一式四联,将汇票的正联和解讫通知连同加盖印章的银行汇票申请书的回单联一并退还申请人。未在银行开户的个人还应提供个人身份证,并将现金交银行柜员。申请人据银行汇票申请书的回单联进行账务处理:借记"其他货币资金—银行汇票"账户,贷记"银行存款"账户。

"银行汇票申请书"一式三联,第一联为银行汇票申请人记账依据;第二联由签发行办理汇票的付款凭证,第三联由签发行办理汇票的收款凭证。

(二)银行兑付。申请人取得银行汇票后,交采购人员办理结算。收款人收到"银行汇票"正联和解讫通知,审查无误后,根据业务需要填写银行汇票的"实际结算金额"和"多余金额",并填写进账单一并送开户银行办理入账手续。

银行汇票应审核下列内容:收款人或被背书人是否确为本收款人;是否在付款期内;日期、金额等内容填写是否正确;背书是否连续;银行汇票解讫通知是否齐全等。

(三)结算余额。兑付银行根据实际结算金额办理入账后,将银行汇票解讫通知传递给汇票签发银行,签发行核对无误后将余款转入申请人账户,申请人根据银行汇票多余款收账通知,借记"银行存款"账户,贷记"其他货币资金－银行汇票"账户。

银行汇票结算基本程序如图4－9所示。

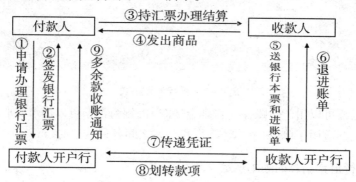

图4－9　银行汇票结算程序示意图

【任务实施】

1.10月10日,根据经批准的付款申请单,李情向开户行提交"银行汇票申请书",银行审查无误,收妥款项后签发银行汇票,将第二、三联及加盖业务章的"银行汇票申请书"存根联一并退出纳。出纳员将银行汇票正联和解讫通知交采购员办理结算,申请书的存根联交制单员进行账务处理:

借:其他货币资金——银行汇票　　　　　　　　　　　240000

　　贷:银行存款　　　　　　　　　　　　　　　　　　　　　240000

表4－17　　　　　中国建设银行汇票申请书(存根)

申请日期 2020 年 10 月 10 日　　　　　　　　第　号

申请人	北明电子有限公司		收款人	泰新有限公司										
账　号或住址	005600998		账　号或住址	8305 2965 0067 7850										
用　途	购货款		代　理付款行		千	百	十	万	千	百	十	元	角	分
汇票金额	人民币(大写)	贰拾肆万元整				¥	2	4	0	0	0	0	0	0
备　注			科　目对方科目财务主管　　复核　　经办											

此联申请人留存

表 4－18　　　　　中国建设银行汇票申请书（借方凭证）

申请日期 2020 年 10 月 10 日　　　　　　　第　号

申请人	北明电子有限公司	收款人	泰新有限公司
账　号或住址	005600998	账　号或住址	8305 2965 0067 7850
用　途	购货款	代理付款行	工行大连中山支行

汇票金额	人民币（大写）	贰拾肆万元整	千	百	十	万	千	百	十	元	角	分
				¥	2	4	0	0	0	0	0	0

上列款项请从我账户内支付

魏强

申请人盖章

（北明电子有限公司 财务专用章）

科　　目（借）
对方科目（贷）
密　押
转账日期　　年　　月　　日
复核　　　　　　　记账

表 4－19

付款期限
壹个月

中国建设银行

银行汇票（正联）　　　2　　　　汇票号码 45009889

出票日期（大写）　贰零贰零年零壹拾月零壹拾日

代理付款行：工行大连中山支行
行号：598602305

收款人：泰新有限公司		账号：8305 2965 0067 7850									
出票金额	人民币（大写）贰拾肆万元整										
实际结算金额	人民币（大写）	万	千	百	十	万	千	百	十	元	角	分

申请人：北明电子有限公司　账号：005600998
出票行：建设银行东山支行　行号：102651000480

备注：＿＿＿＿

凭票付款
出票行签章

（建设银行股份有限公司 104560001061 汇票专用章）

密押：								
多余金额								
千	百	十	万	千	百	十	元	角	分
						复核　　　　记账		

表4-20

| 付款期限 壹个月 | 中国建设银行 银行汇票(解讫通知) 3 | 汇票号码45009889 |

出票日期（大写） 贰零贰零年零壹拾月零壹拾日

代理付款行：工行大连中山支行
行号：598602305

收款人：泰新有限公司　　　　　账号：8305 2965 0067 7850

出票金额 人民币（大写）　**贰拾肆万元整**

实际结算金额 人民币（大写）

| 万 | 千 | 百 | 十 | 万 | 千 | 百 | 十 | 元 | 角 | 分 |

申请人：北明电子有限公司　　账号：005600998
出票行：建设银行东山支行　　行号：102651000480

注：_____

密押：

多余金额

| 千 | 百 | 十 | 万 | 千 | 百 | 十 | 元 | 角 | 分 |

代理付款行签章
经办

复核　　　　　　　　　　　　　　　　复核　　　记账

2.10月21日，李倩收到东方商厦交来的银行汇票，应审核收款人是否确为本单位、是否在付款期内等，审核无误后在实际结算金额栏填写"肆万壹仟壹佰捌拾肆元整"；在"多余金额"栏填写816元，开出收款收据（略）。当日填"进账单"连同银行汇票一起送交开户行办理收款手续。制单员根据收账通知进行账务处理：

借：银行存款　　　　　　　　　　　　　　　　41184
　　贷：主营业务收入　　　　　　　　　　　　　　36446.02
　　　　应交税费——应交增值税（销项税额）　　　　4737.98

表4-21

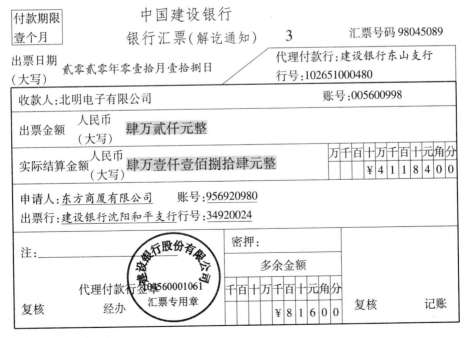

表 4 - 23　　　　中国建设银行　进账单(回单)　　1

2020 年 10 月 21 日

出票人	全　称	东方商厦有限公司	收款人	全　称	北明电子有限公司
	账　号	956920980		账　号	005600998
	开户银行	建设银行沈阳和平支行		开户银行	建设银行东山支行

| 金额 | 人民币(大写)　肆万壹仟壹佰捌拾肆元整 | 亿 千 百 十 万 千 百 十 元 角 分 |
| | | ¥ 4 1 1 8 4 0 0 |

票据种类	银行本票	票据张数	1 张	
票据号码	98045089			
复核　　　　记账				

（印章：中国建设银行烟台东山支行 2020.10.21 业务专用章）

表 4 - 24　　　　中国建设银行　进账单(收账通知)　　3

2020 年 10 月 21 日

出票人	全　称	东方商厦有限公司	收款人	全　称	北明电子有限公司
	账　号	956920980		账　号	005600998
	开户银行	建设银行沈阳和平支行		开户银行	建设银行东山支行

| 金额 | 人民币(大写)　肆万壹仟壹佰捌拾肆元整 | 亿 千 百 十 万 千 百 十 元 角 分 |
| | | ¥ 4 1 1 8 4 0 0 |

票据种类	银行本票	票据张数	1 张	
票据号码	98045089			
复核　　　　记账			收款单位开户行签章	

（印章：建设银行东山支行 2020.10.21 转讫）

　　3.10 月 25 日,李倩收到银行汇票"多余款收账通知"联,交制单员,制单员根据增值税专用发票、入库单及收账通知等进行账务处理:

　　借:原材料　　　　　　　　　　　　　　　　　207079.65

　　　应交税费——应交增值税(进项税额)　　　　26920.35

　　　银行存款　　　　　　　　　　　　　　　　　6000

　　　贷:其他货币资金—银行汇票　　　　　　　　　　　240000

表4-25

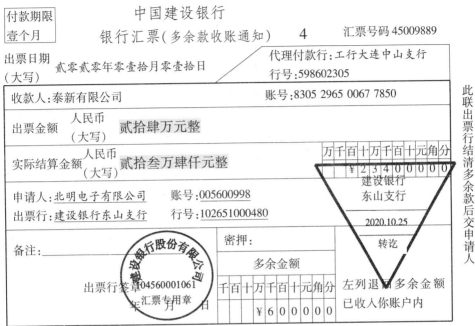

任务五 汇 兑

【任务目标】

了解汇兑结算的使用范围和有关规定,熟练运用汇兑结算方式进行款项结算。

【任务导入】

【例4-5】北明电子有限公司2020年10月,发生如下经济业务:

1.6日,采用电汇方式归还前欠华兴公司货款123045元。

2.21日,接到开户银行收账通知,是欣欣商厦有限公司汇来预付款90000元。

请问:作为出纳的李倩,应如何进行处理?

【相关知识】

一、汇兑及其使用范围

汇兑是汇款人委托银行将其款项汇给外地收款人的一种结算方式。

汇兑分为信汇、电汇两种。信汇是以邮寄方式将汇款凭证转给外地收款人指定的汇入行;电汇是以电报方式将汇款凭证转给收款人指定的汇入行。信汇、电汇由汇款人选择使用。随着网络化进程的推进,目前主要的汇兑方式是电汇。

单位和个人各种款项的结算,均可使用汇兑结算方式。

二、汇兑结算的基本规定

(一)汇兑结算没有金额起点的限制,不管款多款少都可使用。

(二)支取现金的规定。收款人需在汇入行支取现金的,付款人在填制信汇或电汇凭证时,必须在凭证"汇款金额"大写金额栏中填写"现金"字样。

(三)留行待取的规定。收款人需在汇入行派人领取的,在办理汇款时,应在签发的汇兑凭证中"收款人账号或地址"栏注明"留行待取"字样。

(四)分次支取的规定。收款人接到汇入行的取款通知后,如果需要分次支取的,需向汇入银行说明分次支取的原因和情况,经汇入行同意,用收款人名义设立临时存款账户,该户只付不收,付完清户,不计提利息。

(五)转汇的规定。收款人若需将款项转到另一地点,应在汇入行重新办理汇款手续。转汇时收款人和用途不得改变,汇入行必须在信汇或电汇凭证上加盖"转汇"戳记。

(六)退汇的规定。汇款人对汇出的款项申请退回时,应出具正式的函件,说明要求退汇的原因、本人身份证原件、电汇凭证回单等,向汇出银行办理退汇。

另外,汇入行对于收款人拒绝接受的汇款,应马上办理退汇。汇入行对从发出取款通知之日起,两个月仍无法交付的款项,可自动办理退汇。

三、汇兑结算程序及账务处理

(一)信汇结算程序

汇款人办理信汇时,应填写一式四联信汇凭证(格式见表4-26),送交本单位开户银行;个人汇款需提交身份证,银行受理并收妥款项后,将第一联回单退给汇款人据以记账,借记有关账户,贷记"银行存款"账户。

收款人收到银行转来的"收账通知"联,应审查凭证的收款人和账号是否准确,汇款用途是否与本单位相符,汇入金额是否加盖转讫印章等,审核无误后,交制单员进行账务处理:借记"银行存款"账户,贷记有关账户。

表4－26　　　　中国建设银行信汇凭证(回单)　　1

□普通　　　□加急　　　委托日期　　年　　月　　日

汇款人	全　称		收款人	全　称	
	账　号			账　号	
	汇出地点			汇入地点	
汇出行名称			汇入行名称		

此联汇出行给汇款人的回单

金额	人民币 (大写)		千	百	十	万	千	百	十	元	角	分

支付密码

附加信息及用途

汇出行签章　　　　　　　　　复核：　　　　　　记账：

(二)电汇结算程序

汇款人办理电汇时,应填写一式三联的电汇凭证(格式见表4－27),送交本单位开户银行,个人汇款需提交身份证,银行受理并收妥款项,将第一联回单退给汇款人据以记账,借记有关账户,贷记"银行存款"账户。

收款人收到开户银行签发的电划补充报单第三联(格式见表4－28),审核无误,交制单员进行账务处理,借记"银行存款"账户,贷记有关账户。

汇兑结算基本程序如图4－10所示。

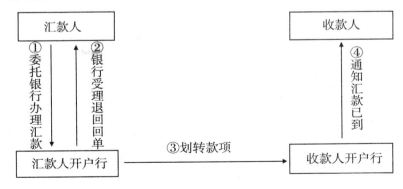

图4－10　汇兑结算程序示意图

【任务实施】

1.10月6日,李倩填制"电汇凭证"见表4－27,银行审查无误后办理汇款,在

电汇凭证回单联加盖银行业务章后退回出纳员,制单员据回单联编制记账凭证:

借:应付账款——华兴公司　　　　　　　　　　　　123045

贷:银行存款　　　　　　　　　　　　　　　　　　　　123045

表4-27　　　　中国建设银行电汇凭证(回单)　　　1

√普通　　□加急　　委托日期 2020 年 10 月 6 日

汇款人	全　称	北明电子有限公司	收款人	全　称	华兴公司											
	账　号	005600998		账　号	335000069800											
	汇出地点	山东省烟台市/县		汇入地点	浙江省湖州市/县											
汇出行名称		建设银行东山支行	汇入行名称		建设银行湖州分行											
金额	人民币(大写)	壹拾贰万叁仟零肆拾伍元整				千	百	十	万	千	百	十	元	角	分	
							¥1	2	3	0	4	5	0	0	

建设银行
东山支行
2020.10.06
转讫

汇出行签章

支付密码

附加信息及用途

复核:　　　　　记账:

2.10 月 21 日,接到开户银行签发电划补充报单第三联,出纳审核无误后交制单员编制记账凭证:

借:银行存款　　　　　　　　　　　　　　　　　　90000

贷:预收账款——欣欣商厦有限公司　　　　　　　　90000

表4-28　　　中国建设银行电子汇划(收)款补充报单　　NO.

币别　　　　　　　　　　　　　　　　　　　　　　流水号:23149980

付款人	全　称	欣欣商厦有限公司	收款人	全　称	北明电子有限公司
	账　号	560093800300		账　号	005600998
	开户行	工商银行大连新乐支行		开户行	建设银行东山支行
金额	(大写)玖万元整				
用途	预付货款				
备注:					

汇划日期:2020 年 10 月 21 日　　汇划流水号:961783

汇出行行号:37807207912　　　　原凭证种类:汇兑

原凭证号码:96168976　　　　　　原凭证金额:

建设银行
东山支行
银行盖章 2020.10.21
转讫

任务六　委托收款结算方式

【任务目标】

通过对委托收款结算方式的学习,了解该结算方式的使用范围和有关规定,能够准确填写托收凭证,熟练办理托收手续。

【任务导入】

【例4-6】北明电子有限公司2020年11月,发生如下经济业务:

1. 16日,销售给杭州商厦产品82831.86元,价税合计93600元,产品已经发出,委托开户银行收取款项。杭州商厦开户行:招商银行杭州分行,账号:923830098345。

2. 20日,接到开户银行的付账通知,系湖州华鑫公司托收的货款100000元,材料已经运到,发现存在质量问题,经批准拒付货款。

3. 21日,接到开户银行转来托收凭证的收账通知联,系杭州商厦的销货款93600元收回。

请问:作为出纳,李倩应如何进行处理?

【相关知识】

一、委托收款及其使用范围

委托收款是收款人向银行提供收款依据,委托银行向付款人收取款项的结算方式。按照凭证传递方式不同,可分为邮寄和电报两种。

单位和个人可凭已承兑的商业汇票、债券、存单等债务证明办理款项结算,收取同城或异地款项。委托收款还适用公用事业费等有关款项的收取。

二、委托收款结算的基本规定

(一)委托收款不受金额起点的限制。

(二)委托收款的付款期为3天,从付款人接到开户行发出付款通知的次日算起,付款期内遇节假日顺延。

三、委托收款结算程序及账务处理

收款人委托银行收款时,应填写一式五联"托收凭证"(格式见表4-29),连同有关收款单据送交本单位开户银行。银行审查无误后,将加盖银行业务章的第一联退回收款人,并办理收款。

付款人接到开户银行的付款通知,同意付款或付款期满后,付款行汇划款项,收款人开户行收回款项后,将收账通知交收款人据以记账,收款人据收账通知等,借记"银行存款"账户,贷记有关账户。

付款人接到开户银行的付款通知后,若发现款项有误或产品质量与合同不符等,需要全部或部分拒绝付款的,应在付款期内填制"委托收款结算全部或部分拒绝付款理由书(格式见表4-30),并加盖预留银行印鉴章,连同有关单证送交开户银行退收款人。收款人收到退回的托收单证,则应与付款人协商解决。

委托收款结算基本程序如图4-11所示。

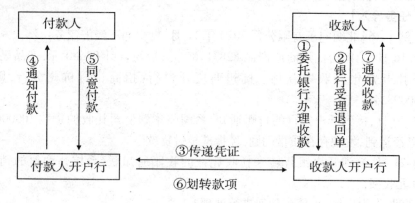

图4-11　委托收款结算程序示意图

【任务实施】

1.11月16日,李倩填制一式五联的"托收凭证",连同增值税专用发票,发货单等交开户银行办理托收。银行受理后退回第一联,李倩将回单联交制单员进行账务处理:

借:应收账款——杭州商厦　　　　　　　　　93600

　贷:主营业务收入　　　　　　　　　　　　82831.86

　　应交税费——应交增值税(销项税额)　　10768.14

表4-29　　　中国建设银行托收凭证(受理证明)　　1

币别　　　　　　　委托日期 2020 年 11 月 16 日

业务类型		委托收款(□邮划、√电划)　　托收承付(□邮划、□电划)															
汇款人	全称	杭州商厦				收款人	全称	北明电子有限公司									
	账号	923830098345					账号	005600998									
	地址	浙江省杭州市	开户行	招商银行杭州分行			地址	山东省烟台市	开户行	建行东山支行							
金额	人民币(大写)	玖万叁仟陆佰元整						亿	万	千	百	十	万	千	百	十 元 角 分
													¥ 9	3	6	0 0 0 0 0
款项内容	销货款			托收凭证名　称			委托收款		附单据张数	4 张						
商品发运情况	已发运			合同名称号码			90××8506									
备注：复核：　记账：			款项收托日期　　　年　月　日					收款人开户银行盖章 2020 年 11 月 16 日								

（印章：中国建设银行烟台东山支行 2020.11.16 业务专用章）

此联作收款人开户行给收款人回单

　　2.11 月 20 日,收到开户银行的付款通知,因为材料存在质量问题,与合同不符,经领导批准,当日填写全部"拒付理由书",并送交开户银行,银行受理后退回回单联,进行备查登记。

表4-30　　托收承付　结算　全部　拒绝付款理由书(回单或付款通知)
　　　　　　委托收款　　　　部分

拒付日期 2020 年 11 月 20 日

付款人	全称	北明电子有限公司		收款人	全称	湖州华鑫公司								
	账号	005600998			账号	237009875433								
	开户行	建行东山支行			开户行	工商银行湖州分行								
托收金额	壹拾万元整		拒付金额	壹拾万元整		部分付款金额	万	千	百	十	万	千	百	十 元 角 分
								¥ 1	0	0	0	0	0	0 0 0
附寄单证	5 张			部分付款金额（大写）										
拒付理由：产品存在质量问题,与合同不相符。														
付款人签章　魏强　财务专用章														

（印章：北明电子有限公司 财务专用章）

（印章：中国建设银行烟台东山支行 2020.11.20 业务专用章）

此联银行给付款人的回单或付款通知

3. 11 月 21 日,李倩收到开户银行转来的"托收凭证"收账通知,交制单员编制会计分录:

借:银行存款　　　　　　　　　　　　　　　　　93600

　　贷:应收账款——杭州商厦　　　　　　　　　　　　93600

表 4-31　中国建设银行托收凭证(汇款依据或收账通知)　　4

币别　　　　　　　　　　委托日期 2020 年 11 月 16 日

业务类型		委托收款(□邮划、✓电划)			托收承付(□邮划、□电划)											
汇款人	全称	杭州商厦			收款人	全称	北明电子有限公司									
	账号	923830098345				账号	005600998									
	地址	浙江省杭州市	开户行	招商银行杭州分行		地址	山东省烟台市	开户行	建行东山支行							
金额	人民币(大写)	玖万叁仟陆佰元整					亿	万	千	百	十	万	千	百	十	元	角	分
											¥	9	3	6	0	0	0	0	0
款项内容	销货款			托收凭证建设银行东山支行	委托收款		附单据张数	4 张								
商品发运情况	已发运				合同名称号码		90128506									
备注:		上列款项已划回收入你方账户内。转讫收款人开户银行签章 2020 年 11 月 21 日														
复核:	记账:														

此联付款人开户行凭以汇款或收款人开户行作收账通知

任务七　托收承付结算方式

【任务目标】

通过对托收承付结算方式的学习,了解该结算方式的使用范围和有关规定,能够正确填写托收凭证,熟练运用托收承付结算方式进行款项的收付。

【任务导入】

【例 4-7】北明电子有限公司 2020 年 11 月,发生如下经济业务:

1. 9 日,销售科王鹏与欣欣商厦有限公司签订销货合同,列明产品售价 310619.47 元,增值税 40380.53 元,价税合计 351000 元,采用托收承付结算方式。据合同发出产品后,委托开户行办理货款的托收。欣欣商厦有限公司开户行:工商银行大连新乐支行,账号:560093800300。

2. 10 日,收到开户银行的付款通知,是泰新公司向本公司收取货款。泰新公司开户行:工行大连中山支行,账号:8305 2965 0067 7850。

3.12 日,接银行通知,9 日向欣欣商厦有限公司托收的款项收回。

请问:针对以上三笔业务,出纳李倩应如何进行处理?

【相关知识】

一、托收承付及其适用范围

托收承付是根据购销合同由收款人发货后委托银行向异地付款人收取款项,由付款人向银行承认付款的结算方式。

托收承付结算方式,只适用于异地订有经济合同的商品交易及相关劳务款项的结算。代销、寄销,赊销商品的款项,不得办理托收承付结算。

托收承付款项划回方式分为邮寄和电报两种,由收款人根据需要选择使用。

二、托收承付结算的基本规定

托收承付结算方式分为托收和承付两个阶段。

托收就是指销货单位(即收款单位)委托其开户银行收取款项的行为。

托收金额的起点为 10000 元。新华书店系统每笔金额起点为 1000 元。

承付就是指购货单位(即付款单位)在承付期限内,向银行承认付款的行为。承付方式有验单承付和验货承付两种。

验单承付就是指付款方接到其开户银行转来的承付通知和相关凭证,并与合同核对相符后,就必须承认付款的结算方式。验单承付的期限为 3 天,从付款人开户行发出承付通知的次日算起,节假日顺延。

验货承付就是指付款方除了验单外,还要等商品全部运达并验收入库后才承认付款的结算方式。验货承付的期限为 10 天,从承运单位发出提货通知的次日算起,节假日顺延。

购货企业在承付期内,未向银行表示拒绝付款,银行即视作承付,并在承付期满的次日将款项划给销货企业。付款方如果在验单或验货时发现货物的品种、规格、数量、质量、价格等与合同规定不符,可在承付期内将全部或部分拒付理由书送交开户银行审查,并办理拒付手续。银行同意部分或全部拒绝付款的,应在拒绝付款理由书上签注意见,并连同有关单证寄收款人开户银行转交销货企业。

付款方在承付期满后,若其银行账户内没有足够的资金承付货款,其不足部分作延期付款处理。延期付款部分要以一定比例支付给收款方赔偿金。待付款方账内有款支付时,由付款方开户行将欠款及赔偿金一并划转给收款人。

托收承付结算方式基本程序及账务处理方法,与委托收款结算方式大体相同,不再复述。

【任务实施】

1.11 月 9 日,出纳李倩填制"托收凭证",连同增值税专用发票、提货单、发货单及购销合同等送交开户银行,银行审核无误后,在"托收凭证"第一联加盖业务章,退还给出纳。出纳员将托收凭证回单联交制单员,编制会计分录:

借:应收账款　　　　　　　　　　　　　　351000
　贷:主营业务收入　　　　　　　　　　　310619.47
　　应交税费——应交增值税(销项税额)　　42380.53

表 4 – 32　　　　中国建设银行托收凭证(受理证明)　　　1

委托日期 2020 年 11 月 9 日

业务类型		委托收款(□邮划、□电划)			托收承付(□邮划、√电划)									
汇款人	全称	欣欣商厦有限公司		收款人	全称	北明电子有限公司								
	账号	560093800300			账号	005600998								
	地址	辽宁省大连市	开户行	工商银行大连新乐支行		地址	山东省烟台市	开户行	建行东山支行					

金额	人民币(大写)	叁拾伍万壹仟元整	亿	万	千	百	十	万	千	百	十	元	角	分
					¥	3	5	1	0	0	0	0	0	0

款项内容	销货款	托收凭证名　称	托收承付	附单据张数	4 张
商品发运情况	已发运		合同名称号码	350079	
备注:		款项收托日期		收款人开户银行签章	
复核:　记账:		2020 年 11 月 9 日		2020 年 11 月 日	

2. 11 月 10 日,出纳员收到开户行的付款通知,审查合同及相关单证无误,12 日账面有款通知银行付款,并将付款通知联交制单员进行账务处理:

借:应付账款　　　　　　　　　　　　　　123681.70
　贷:银行存款　　　　　　　　　　　　　123681.70

表4－33　　　中国建设银行托收凭证（付款通知）　　5

委托日期 2020 年 11 月 10 日

币别

业务类型		委托收款(□邮划、□电划)				托收承付(□邮划、✓电划)									
汇款人	全称	北明电子有限公司			收款人	全称	泰新公司								
	账号	005600998				账号	8305296500677850								
	地址	山东省烟台市	开户行	建行东山支行		地址	辽宁省大连市	开户行	工行大连中山支行						

金额 人民币（大写）　壹拾贰万叁仟陆佰捌拾壹元柒角整

亿	万	千	百	十	万	千	百	十	元	角	分
		¥1	2	3	6	8	1	7	0		

款项内容	货款	托收凭证名　称	托收承付	附单据张数	5
商品发运情况		建设银行 东山支行 2020.11.12 转讫		合同名称号码	27891156

备注：
付款人开户银行收到日期
2020 年 11 月 10 日
复核　　记账

建设银行
东山支行
2020.11.12
转讫

付款人开户银行签章
2020 年 11 月 12 日

付款人注意：
1. 根据支付结算办法，上列委托收款（托收承付）款项在付款期限内未提出拒付，即视为同意付款，以此代付款通知。
2. 如需提出全部或部分拒付，应在规定期限内，将拒付理由书并附债务证明退交开户银行。

此联付款人开户行给付款人按期付款通知

　　3. 11 月 12 日，接银行收账通知，9 日向欣欣商厦有限公司托收的款项收回，将收账通知联交制单员，进行账务处理：

借：银行存款　　　　　　　　　　　　　　　351000
　　贷：应收账款　　　　　　　　　　　　　351000

表4-34 中国建设银行托收凭证(汇款依据或收账通知)　　4

币别　　　　　　　　委托日期 2020 年 11 月 9 日

业务类型		委托收款(□邮划、□电划)			托收承付(□邮划、✓电划)												
汇款人	全称	欣欣商厦有限公司			收款人	全称	北明电子有限公司										
	账号	560093800300				账号	005600998										
	地址	辽宁省大连市	开户行	工商银行大连新乐支行		地址	山东省烟台市	开户行			建行东山支行						
金额	人民币(大写)	叁拾伍万壹仟元整					亿	万	千	百	十	万	千	百	十	元	角	分
											¥	3	5	1	0	0	0	0	0
款项内容		销货款			托收承付				附单据张数		4						
商品发运情况		已发运			合同名称号码			357669									
备注:		上列款项已划回收入你方账户内。收款人开户银行签章 2020 年 11 月 12 日															
复核:		记账:															

任务八　商业汇票结算方式

【任务目标】

通过对商业汇票结算方式的学习,了解商业汇票的使用范围和有关规定,能够正确使用商业汇票结算方式。

【任务导入】

【例4-8】北明电子有限公司 2020 年 11 月,发生如下经济业务:

1.13 日,根据采购计划,从泰利有限公司购买材料 62123.89 元,价税合计70200 元,签发并承兑为期 4 个月商业汇票。

2.18 日,8 月 17 日签发并承兑的商业汇票到期,收到托收凭证,审核无误后通知开户行付款。

3.20 日,销售给杭州商厦产品 141592.92 元,增值税 18407.08 元,价税合计160000 元,产品已经发出,收到杭州商厦开具的为期 3 个月的银行承兑汇票。杭州商厦开户行:建设银行杭州分行,账号:230009830098。

4.26 日,易达商贸开具的银行承兑汇票到期,委托开户银行办理托收手续。易达商贸开户行:农业银行苏州常熟支行,账号:530082093908。

5.30 日,接银行收账通知,前托收易达商贸的商业汇票款收回。

请问:作为出纳,李倩应如何进行处理?

【相关知识】

一、商业汇票及其使用范围

商业汇票是出票人签发的,委托付款人在指定日期无条件支付确定的金额给收款人或者持票人的票据。

商业汇票按照承兑人的不同分为商业承兑汇票和银行承兑汇票。商业承兑汇票由收款人以外的付款人承兑,银行承兑汇票由银行承兑。电子商业汇票是指出票人依托上海票据交易所电子商业汇票系统(以下简称"电子商业汇票系统"),以数据电文形式制作的,委托付款人在指定日期无条件支付确定的金额给收款人或持票人的票据。电子银行承兑汇票由银行业金融机构、财务公司承兑;电子商业承兑汇票由金融机构以外的法人或其他组织承兑。

在银行开立存款账户的法人以及其他组织之间,具有真实的交易关系或债权债务关系,才能使用商业汇票。

二、商业汇票结算的基本规定

纸质商业汇票的付款期限由交易双方商定,最长不得超过 6 个月;电子承兑汇票的付款期限自出票日至到期日不超过 1 年。商业汇票可以背书转让;承兑不得附有条件,否则视为拒绝承兑;符合条件的商业汇票持票人可持未到期的商业汇票连同贴现凭证,向银行申请贴现。

三、商业汇票结算程序及账务处理

(一)商业承兑汇票结算程序及账务处理

1. 签发和承兑商业汇票

商业承兑汇票一式三联,格式如图 4 - 12 所示,可由付款人签发,也可由收款人签发,汇票签发后,第一联由付款人留存,作为记账依据,借记有关账户,贷记"应付票据"账户;第二联由付款人(即承兑人)在承兑栏加盖预留银行印鉴章,承兑后交收款人,收款人据此借记"应收票据",贷记有关账户;第三联由签发人留存备查。

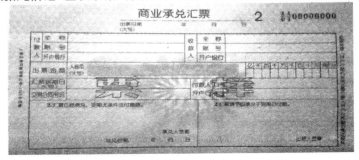

图 4 - 12　商业承兑汇票格式

2.委托收款

商业汇票到期日前,收款人或持票人应填制"托收凭证",连同商业汇票正联一同送交开户银行办理托收。银行受理后,将"托收凭证"第一联加盖业务章退还给收款人,并办理款项的托收。

3.到期兑付

付款人在商业汇票到期日前,应将足额款项交存其开户银行,付款人开户银行收到传来的托收凭证和商业承兑汇票之后,审核无误将款项划给收款人或持票人。付款人借记"应付票据"账户,贷记"银行存款"账户;收款人据"托收凭证"收账通知联,借记"银行存款"账户,贷记"应收票据"账户。

若付款人账户余额不足,开户银行在"托收凭证"中注明"无款支付"字样,将商业承兑汇票等有关单证退收款人开户行转收款人。

商业承兑汇票结算基本程序如图4-13。

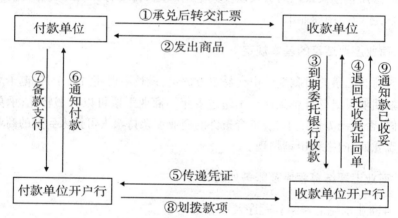

图4-13　商业承兑汇票结算程序示意图

(二)银行承兑汇票结算程序及账务处理

银行承兑汇票结算通常可分为三个步骤:

1.申请承兑

银行承兑汇票一式三联,格式如图4-14所示,商业汇票签发后,由付款人向其开户银行申请承兑。银行按照有关规定审查同意后,与承兑申请人签订一式三联的"承兑协议",在汇票上注明承兑协议编号,加盖银行印章,并收取承兑手续费后将银行承兑汇票、承兑协议的第一联交申请人。同时承兑银行将按票面金额的万分之五向承兑申请人收取手续费,不足10元的,则按10元收取。付款人据收费凭证借记"财务费用"账户,贷记"银行存款"账户;同时借记有关账户,贷记"应付票据"账户。

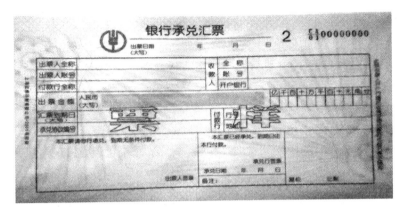

图4-14　银行承兑汇票格式

2. 委托收款

收款人收到商业汇票应检查汇票内容是否完整、准确,审核无误后,备查登记并专夹保管。商业汇票到期时,填制"托收凭证"连同汇票正联一同交开户银行办理托收,银行受理后,将"托收凭证"第一联加盖业务章退还给收款人,并办理款项托收。

3. 到期兑付:付款人在商业汇票到期日前,应将足额款项交存其开户银行,承兑银行收到本行承兑的商业汇票和"托收凭证",审查无误将款项划出,并将付款通知交付款人作为记账依据,借记"应付票据"账户,贷记"银行存款"账户。

收款人接到银行转来的"托收凭证"收账通知,据以进行账务处理,借记"银行存款"账户,贷记"应收票据"账户;同时销记备查簿记录。

银行承兑汇票结算基本程序如图4-15所示。

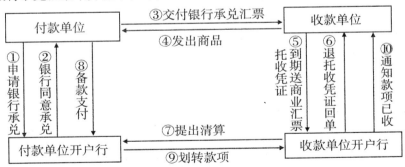

图4-15　银行承兑汇票结算程序示意图

【任务实施】

1. 11月13日,出纳李倩办理商业汇票的签发并承兑,将商业汇票第二联交采购人员办理结算,将存根联专夹保管,并在备查簿中备查登记,第一联和有关单证交制单员记账。制单员根据专用发票、入库单等编制会计分录:

借：原材料　　　　　　　　　　　　　　　62123.89
　　应交税费——应交增值税（进项税额）　　8076.11
　　贷：应付票据——泰利有限公司　　　　　　　70200

表4-35　　　　商业承兑汇票（存根）　　3

出票日期
（大写）　　　贰零贰零年壹拾壹月壹拾叁日　　汇票号码

付款人	全　称	北明电子有限公司	收款人	全　称	泰利有限公司
	账　号	005600998		账　号	37001665260050077
	开户银行	建设银行东山支行		开户银行	建设银行天津支行

| 出票金额 | 人民币（大写）柒万零贰佰元整 | 亿千百十万千百十元角分 |
| | | ￥70200000 |

汇票到期日（大写）　贰零贰壹年叁月壹拾叁日

| 付款人开户行 | 行号 | 102651000480 |
| | 地址 | 烟台市祥贞路88号 |

交易合同号码　08129890

备注：

表4-36　　　　商业承兑汇票　　2

出票日期
（大写）　　　贰零贰零年壹拾壹月壹拾叁日　　汇票号码

付款人	全　称	北明电子有限公司	收款人	全　称	泰利有限公司
	账　号	005600998		账　号	37001665260050077
	开户银行	建设银行东山支行		开户银行	建设银行天津支行

| 出票金额 | 人民币（大写）柒万零贰佰元整 | 亿千百十万千百十元角分 |
| | | ￥70200000 |

汇票到期日（大写）　贰零贰壹年叁月壹拾叁日

| 付款人开户行 | 行号 | 102651000480 |
| | 地址 | 烟台市祥贞路88号 |

交易合同号码　08129890

本汇票已经承兑，到期无条件支付票款。

承兑人签章　2020年月13日　魏强

本汇票请予以承兑与到期日付款。

出票人签章

2.11 月 18 日,8 月 17 日签发并承兑的商业汇票到期,经查账面有款,通知开户行付款,收到开户行转来的"托收凭证"付款通知联,交制单员进行账务处理:

借:应付票据——杭州商贸有限公司　　　　　　　　103600

贷:银行存款　　　　　　　　　　　　　　　　　　　　103600

表 4-37　　中国建设银行托收凭证(付款通知)　　　5

币别　　　　　　　　委托日期 2020 年 11 月 17 日

业务类型	委托收款(□邮划、☑电划)		托收承付(□邮划、□电划)												
汇款人	全称	北明电子有限公司	收款人	全称	杭州商贸有限公司									
	账号	005600998		账号	230009036883									
	地址	山东省烟台市 / 开户行 / 建行东山支行		地址	浙江省杭州市 / 开户行 / 建行杭州分行									
金额 人民币(大写)	壹拾万叁仟陆佰元整				亿	万	千	百	十	万	千	百	十	元	角	分
						¥	1	0	3	6	0	0	0	0

款项内容　货款　　托收凭证名称　商业承兑汇票　附单据张数　3 张

商品发运情况　已发运　　合同名称号码　25678911

（建设银行 东山支行 2020.11.18 转讫）

备注:
付款人开户银行收到日期
2020 年 11 月 18 日
复核　　记账

付款人开户银行签章
2020 年 11 月 18 日

付款人注意:
1. 根据支付结算办法,上列委托收款(托收承付)款项在付款期限内未提出拒付,即视为同意付款,以此代付款通知。
2. 如需提出全部或部分拒付,应在规定期限内,将拒付理由书并附债务证明退交开户银行。

此联付款人开户行给付款人按期付款通知

3.11 月 20 日,李倩收到杭州商厦开具的银行承兑汇票,审核无误后,备查簿记录后将汇票专夹保管,制单员据有关单证编制会计分录:

借:应收票据　　　　　　　　　　　　　　　　　　160 000

贷:主营业务收入　　　　　　　　　　　　　　141 592.92

应交税费——应交增值税(销项税额)　　　　18 407.08

表4-38   银行承兑汇票   2

出票日期
（大写）贰零贰零年壹拾壹月零贰拾日   汇票号码

付款人	全　称	杭州商厦股份有限公司	收款人	全　称	北明电子有限公司
	账　号	230009830098		账　号	005600998
	开户银行	建设银行杭州支行		开户银行	建设银行东山支行

出票金额	人民币（大写）壹拾陆万元整	亿千百十万千百十元角分
		￥160000000

汇票到期日（大写）	贰零贰壹年零贰月零贰拾日	付款行	行号	510102604800
承兑协议编号：2020银字0011-63号			地址	杭州市胜利路108号

此汇票请你行承兑，到期无条件付款。 柳民 财务专用章 出票人签章	本汇票已经承兑，到期日由本行付款。 签章 承兑日期2020年11月20日 备注：0102098037430	复核 记账

此联收款人开户行随托收凭证寄付款行作借方凭证附件

4. 11月26日，易达商贸开具的银行承兑汇票到期，出纳李倩填制一式五联的"托收凭证"连同商业汇票正联一同送交开户银行办理托收。银行审核无误后在第一联加盖业务章，并退回出纳员作备查记录。

表4-39   中国建设银行托收凭证（受理证明）   1

委托日期 2020 年 11 月 26 日   NO. 02913020

业务类型	委托收款（□邮划、✓电划）	托收承付（□邮划、□电划）

汇款人	全称	易达商贸有限公司	收款人	全称	北明电子有限公司
	账号	530082093908		账号	005600998
	地址	江苏省苏州市	开户行	农业银行常熟支行		地址	山东省烟台市	开户行	建行东山支行

金额	人民币（大写）贰拾玖万叁仟陆佰元整	亿万千百十万千百十元角分
		￥29360000

款项内容	销货款	托收凭证名称	委托收款	附单据张数	1
商品发运情况	已发运	合同名称号码			

备注： 复核：　　记账：	款项收托日期 　　年　月　日	收款人开户银行签章 2020年11月26日

此联作收款人开户行给收款人回单

5.11 月 30 日,接银行的收账通知(见表 4 - 40),审核无误后交制单员进行账务处理:

借:银行存款　　　　　　　　　　　　　　　　293600

　　贷:应收票据——易达商贸有限公司　　　　　　293600

表 4 - 40　　　　中国人民银行支付系统专用凭证　　No.176585923

委托收款(划回凭证)

报文种类:CMT101 汇兑支付报文　交易种类:大额　贷记　支付交易序号:12

委托凭证日期:2020/11/26　委托凭证号码:02913020

发起行行号:332556310026　付款人开户行行号:332556310026 委托日期:2020/11/26

发起行名称:农业银行常熟支行

付款人账号:530082093908

付款人名称:易达商贸有限公司

接受行行号:104456002004　收款人开户行行号:102651000480　收报日期:2020/11/30

收款人账号:005600998

收款人名称:北明电子有限公司　　　　　　　　　　　　建设银行

货币符号、金额:RMB293600.00　　　　　　　　　　　东山支行

附言:支付银承 GAO02913020 票款

会计分录　　　　　　　　　　密押　　　　　　　　　　2020.11.30

流水号:822　　打印时间:2020/11/30　11:12:56　操作员:0567　　转讫

会计　　　　　复核　　　　　　　记账

任务九　信用卡结算方式

【任务目标】

通过对信用卡结算方式的学习,了解该结算方式的使用范围和有关规定,能够正确使用信用卡。

【任务导入】

【例 4 - 9】北明电子有限公司 2020 年 11 月发生如下经济业务:

1.9 日,销售科销售产品给个人,开出普通发票,售价 4141.59 元,增值税 538.41 元,价税合计 4680 元,采用信用卡结算方式收取款项。

2.10 日,接银行通知,账单日信用卡的账单金额为 3248.89 元,到期还款日为 11 月 25 日。

请问:针对以上业务,李倩应如何处理?

【相关知识】

一、信用卡及其适用范围

信用卡是指商业银行向个人和单位发行的,凭以向特约单位购物、消费和向银行提取现金,且具有消费信用的特制载体卡片。信用卡按使用对象分为单位卡和个人卡;按信誉等级分为金卡和普通卡。

凡在中国境内金融机构开立基本存款账户的单位可申领单位卡;凡具有完全民事行为能力的公民可以申领个人卡。

二、信用卡结算的基本规定

1. 单位卡可申请若干张,持卡人不得出租和转借信用卡。

2. 单位卡账户的资金一律从其基本存款账户转账存入,不得交存现金,不得将销货收入的款项存入其账户。

3. 单位卡不得支取现金,不得用于 10 万元以上的商品交易、劳务供应款项的结算。

4. 信用卡在规定的限额和期限内允许善意透支,金卡透支额最高不超过 10000 元,普通卡最高不超过 5000 元,透支期限最长为 60 天。目前,透支利息自签单日或银行记账日起 15 日内按日息万分之五计算,超过 15 日按日息万分之十计算,超过 30 日或透支金额超过规定限额的,按日息万分之十五计算。透支计息不分段,按最后期限或者最高透支额的最高利率档次计息。超过规定限额或规定期限,并且经发卡银行催收无效的透支行为称为恶意透支,持卡人使用信用卡不得发生恶意透支。

三、信用卡结算程序

1. 申领信用卡

信用卡申请人应按规定填制申请表,连同有关资料一并送交发卡行,符合条件的,银行为申请人开立信用卡存款账户并发给信用卡。

2. 信用卡使用

持卡人在进行购物或消费时,将磁条式信用卡的磁条在 POS 机上划过,或者将芯片式信用卡插入卡槽,连通银行等支付网关,输入相应的金额。远程支付网关接收信息后,POS 机会打出刷卡支付的收据(至少是两联),持卡人检查支付收据上的信息无误后应在此收据上签字。操作员核对收据上的签名和信用卡背后的签名后(包括姓名完全相符和笔迹基本相符),将信用卡及刷卡支付收据的一联给持卡人。

3. 提交签购单、收款

特约商户将持卡人签名的签账单送开户行,开户银行审核无误,扣除一定的手续费后将款项划给收款人。

4. 持卡人付款

发卡行在每个月末或约定日期向持卡人发出对账单,即付款通知书,持卡人对对账单上的交易无疑问后向发卡行支付相应的款项。

【任务实施】

1.9 日,个人采用信用卡付款时,利用 POS 机刷卡,输入金额 4680 元,客户输入密码,交易成功后打印一式两联的银联结算凭证,存根联交客户,客户签名的一联留存,当日到开户银行办理款项收取。

2. 信用卡到期还款日为 11 月 25 日,出纳李倩应于 11 月 25 日前到开户行办理还款手续,还款金额 3248.89 元。

任务十　认识网上支付

【任务目标】

通过本次任务的学习,了解网上支付的功能特点,能够熟练通过网上支付进行查询、对账、转账及投资理财等。

【任务导入】

【例 4 - 10】北明电子有限公司日常往来业务比较频繁,如何能够及时了解企业资金流情况,减少到银行排队等待办理业务的时间进而提高工作效率?

【相关知识】

网上支付是电子支付的一种形式,它是指电子交易的当事人,包括消费者、厂商和金融机构,使用电子支付手段通过网络进行的货币或资金流转。网上支付的主要方式有网上银行和第三方支付。

一、网上银行

(一)网上银行的概念

网上银行(Internetbank or E - bank),简单地说,网上银行就是银行在互联网上设立虚拟银行柜台,使传统的银行服务不再通过物理的银行分支机构来实现,而是借助于网络与信息技术手段在互联网上实现,因此网上银行也称网络银行。

(二)网上银行的分类

按主要服务对象分为企业网上银行和个人网上银行。企业网上银行主要适用于企事业单位,企事业单位可以通过企业网络银行适时了解财务运作情况,及时调度资金,轻松处理大批量的网络支付和工资发放业务。个人网上银行主要适用于个人与家庭,个人可以通过个人网络银行实现实时查询、转账、网络支付和汇款等功能。

(三)网上银行的主要功能

目前,网上银行利用 Internet 和 HTML 技术,能够为客户提供综合、统一、安全、时的银行服务,包括提供对私、对公的全方位银行业务,还可以为客户提供跨国

的支付与清算等其他贸易和非贸易的银行业务服务。

企业网上银行子系统目前能够支持所有的对公企业客户,能够为客户提供网上账务信息服务、资金划拨、网上 B2B 支付和批量支付等服务,使集团公司总部能对其分支机构的财务活动进行实时监控,随时获得其账户的动态情况,同时还能为客户提供 B2B 网上支付。其主要业务功能包括:

(1)账户信息查询。能够为企业客户提供账户信息的网上在线查询、网上下载和电子邮件发送账务信息等服务,包括账户的昨日余额、当前余额、当日明细和历史明细等。

(2)支付指令。支付指令业务能够为客户提供集团、企业内部各分支机构之间的账务往来,同时也能提供集团、企业之间的账务往来,并且支持集团、企业向他行账户进行付款。

(3)B2B(Business to Business)网上支付。B2B,商业机构之间的商业往来活动,指的是企业与企业之间进行的电子商务活动。B2B 网上支付能够为客户提供网上 B2B 支付平台。

(4)批量支付。能够为企业客户提供批量付款(包括同城、异地及跨行转账业务)、代发工资、一付多收等批量支付功能。企业客户负责按银行要求的格式生成数据文件,通过安全通道传送给银行,银行负责系统安全及业务处理,并将处理结果反馈给客户。

二、第三方支付

(一)第三方支付的概念

从狭义上讲,第三方支付是指具备一定实力和信誉保障的非银行机构,通过与网联对接而促成交易双方进行交易的网络支付模式。在手机端进行的互联网支付,又称为移动支付。通过这个平台实现资金在不同支付机构账户或银行账户间的划拨和转移。第三方支付的特点是独立于商户和银行,为客户提供支付结算服务,具有方便快捷、安全可靠、开放创新的优势。

从广义上讲,第三方支付在中国人民银行《非金融机构支付服务管理办法》中是指非金融机构作为收、付款人的支付中介所提供的网络支付、预付卡发行与受理、银行卡收单以及中国人民银行确定的其他支付服务。这一定义让第三方支付不仅仅是互联网支付,而是成为一个集线上、线下于一体,提供移动支付、电话支付、预付卡支付于一体的综合支付服务工具。

(二)第三方支付的种类

1.线上支付方式。

线上支付是指通过互联网实现的用户和商户、商户和商户之间在线货币支付、资金清算、查询统计等过程。网上支付完成了使用者信息传递和资金转移的过程。

广义的线上支付包括直接使用网上银行进行的支付和通过第三方支付平台进行的支付。狭义的线上支付仅指通过第三方支付平台实现的互联网在线支付,包括网上支付和移动支付中的远程支付。

2.线下支付方式。

线下支付区别于网上银行等线上支付,是指通过非互联网线上的方式对购买商品或服务所产生的费用进行的资金支付行为。新型线下支付的具体表现形式,包括POS机刷卡支付、拉卡拉等自助终端支付、电话支付、手机近端支付、电视支付等。

(三)第三方支付交易流程

在第三方支付模式下,支付者必须在第三方支付机构平台上开立账户,向第三方支付机构平台提供银行卡信息或账户信息,在账户中"充值",通过支付平台将该账户中的虚拟资金划转到收款人的账户,完成支付行为。收款人可以在需要时将账户中的资金兑成实体的银行存款。第三方平台结算支付模式的资金划拨是在平台内部进行的,此时划拨的是虚拟的资金。真正的实体资金还需要通过实际支付层来完成。

以B2C(商业机构对消费者的电子商务)交易为例:

第一步,客户在电子商务网站上选购商品,决定购买后,买卖双方在网上达成交易意向;

第二步,客户选择利用第三方作为交易中介,客户用银行卡将货款划到第三方账户;

第三步,第三方支付平台将客户已经付款的消息通知商家,并要求商家在规定明间内发货;

第四步,商家收到通知后按照订单发货;

第五步,客户收到货物并验证后通知第三方;

第六步,第三方将其账户上的货款划入商家账户中,交易完成。

【任务实施】

北明电子有限公司日常往来业务比较频繁,为及时了解企业资金流情况,提高工作效率,出纳可以申请使用网络银行。经单位有关部门领导批准后,持银行所需相关资料到开户行柜台办理,成为网络银行企业签约用户。

国内结算部分小结

银行结算又称转账结算,是指企事业单位在社会经济活动中引起的货币收付,通过银行将款项从付款单位账户划转到收款单位账户的行为。转账结算业务按照是否跨国收付可分为国内结算和国际结算。

国内银行结算工具主要有票据、信用卡和结算凭证三类。单位、个人和银行办理支付结算业务,必须使用中国人民银行同一规定的票据和结算凭证。

票据可分为支票、银行本票、银行汇票和商业汇票四种。在银行开立账户的单位、个体经济户和个人，经开户银行同意，都可以使用支票结算。银行本票是银行签发的，承诺自己在见票时无条件支付确定的金额给收款人或者持票人的票据；银行本票可以用于转账，注明"现金"字样的银行本票可以用于支取现金。银行汇票是指银行签发的，由其在见票时，按照实际结算金额无条件支付给收款人或持票人的票据，适用于单位、个体经济户和个人之间各种款项的结算。商业汇票按承兑人不同分为商业承兑汇票和银行承兑汇票，在银行开立存款账户的法人以及其他组织之间，具有真实的交易关系或债权债务关系，均可使用商业汇票。实际工作中比较常用的是银行承兑汇票。

结算凭证可分为汇兑、委托收款和托收承付三种。汇兑是汇款人委托银行将其款项汇给外地收款人的一种结算方式，单位和个人各种款项的结算，均可使用汇兑结算方式。委托收款按照凭证传递方式不同，可分为邮寄和电报两种，单位和个人同城或异地款项的收取均可采用。托收承付是根据购销合同由收款人发货后委托银行向异地付款人收取款项，由付款人向银行承认付款的结算方式。托收承付结算方式，只适用于异地订有经济合同的商品交易及相关劳务款项的结算。

信用卡是指商业银行向个人和单位发行的，凭以向特约单位购物、消费和向银行提取现金，且具有消费信用的特制载体卡片。信用卡按使用对象分为单位卡和个人卡。

网上银行可以提供开户、销户、查询、对账、行内转账、跨行转账、信贷、网上证券、投资理财等传统服务项目。与传统银行业务相比，网上银行业务有许多优势，但要注意风险的防范。

思考与讨论

思考题

1. 支票结算方式主要有哪些规定，如何使用支票办理款项结算？
2. 简述委托收款和托收承付结算方式的异同。
3. 比较支票、本票和汇票结算方式，试分析在实际业务中，如何正确使用票据结算？

个案分析

2020年7月5日，某建筑公司接受了本市某水泥厂转让的一张银行承兑汇票，金额为20000元；建筑公司因为与自然人郝某存在债权债务关系，随即将该汇票转让给了郝某。郝某因为家庭装修欠某广告公司装修费用2万元，因此又将该汇票转让给了广告公司。试分析该广告公司能否接受该汇票？

项目四　技能训练（国内部分）

东方明珠有限公司是一家规模不大的生产企业,财务科设会计和出纳各一名,出纳负责收付款凭证的编制等出纳相关的工作;法人代表张为民,财务科长李秀丽,出纳员柳婷婷。开户银行:工商银行开发区支行,账号 160602005698,开户行地址:烟台市开发区幸福路 88 号,行号:100048010265。该企业原材料采用实际成本计价。

2021 年 9 月,东方明珠有限公司发生支付结算业务见(一)至(八),要求:

1. 根据业务提示填制、审核相关原始凭证,办理收付款手续;

2. 根据原始凭证,编制记账凭证。

说明:支付结算业务涉及单据较多,除本训练提供部分单据外,其他单据自备。

(一)支票结算方式的技能训练【4-1】

1. 5 日,从银行提取现金 5000 元,备用。

表 4-41

中国工商银行 现金支票存根 No. 36423791	中国工商银行现金支票(鲁)烟台 No.36423791		
	出票日期(大写)　年　月　日　付款行名称:烟台工商银行		
附加信息	收款人:　　　　　　　出票人账号:160602005698		
	人民币 (大写)		百十万千百十元角分
出票日期　年　月　日			
收款人:	用途:_____		
金额:	上列款项请从我账户内支付		
用途:	出票人签章		
单位主管　会计	复核　　　记账		

（本支票付款期限十天）

2. 18 日,收到领导签字的支票领用单(表 4-42)和增值税专用发票(表 4-43)。

表 4 - 42　　　　　　　　东方明珠有限公司支票领用单

收款单位全称	烟台供电公司		支票限额	198352.88
支票号码			支票密码	
款项用途	支付电费			
公司领导签批 张为民 2021 年 9 月 18 日	部门负责人审签意见 张文昌　李秀丽 2021 年 9 月 18 日		领用人 林永刚 2021 年 9 月 18 日	

注:支票遗失,损失由领用人负责。

表 4 - 43　　　　　　　　山东增值税专用发票

发票联

开票日期　2021 年 9 月 15 日

购货单位	名　　称:东方明珠有限公司 纳税人识别号:370602700730898 地址、电话:开发区幸福路 88 号 6376945 开户行及账号:工行开发区支行 160602005698			密码区	6 * 20 - < 6 > 6 - 415306 - 7 > 3 + 8 加密版本: 0181 - 2964 + 96364/6 + / - < 6 + 81 - 64 > 310 + / - 28 > < 6 < 52370012520 < 7028/ - 4142579/6 > > 0614178545		
货物或应税劳务名称	规格型号	单位	数量	单价	金额	税率	税额
电费		千瓦时	214000	0.82025	175533.52	13%	22819.36
合　计					¥175533.52		¥22819.36
价税合计(大写)⊗壹拾玖万捌仟叁佰伍拾贰圆捌角捌分					(小写)¥198352.88		
销货单位	名　　称:烟台供电公司 纳税人识别号:370602165022732 地址、电话:烟台市长江路 35 号 6223421 开户行及账号:工商银行西山办 37002225265000113			备注	370602165022732 发票专用章		

收款人:　　　　　复核:　　　　　开票人:魏松　　　　　销货单位:(章)

说明:抵扣联略

表 4 - 44

中国工商银行(鲁) 转账支票存根 No.31493762	中国工商银行转账支票(鲁)烟台 No.31493762
	出票日期(大写)　年　月　日　　付款行名称:烟台工商银行
附加信息 _____ _____	收款人:　　　　　　出票人账号:160602005698

中国工商银行(鲁)转账支票存根 No.31493762

附加信息 _____
_____

出票日期　年　月　日

收款人:

金额:

用途:

单位主管　　会计

本支票付款期限十天

中国工商银行转账支票(鲁)烟台 No.31493762

出票日期(大写)　年　月　日　　付款行名称:烟台工商银行

收款人:　　　　　　出票人账号:160602005698

人民币
(大写)　　　　　　　　　百 十 万 千 百 十 元 角 分

用途: _____
上列款项请从我账户内支付
出票人签章

复核　　　记账

3.20 日,收到瑞福实业有限公司开具的转账支票一张(表 4 - 45),用于偿还前欠货款,出纳员审核无误,收妥支票开出收款收据(表 4 - 46),并办理委托银行收款手续。

表 4 - 45

中国建设银行转账支票(鲁)烟台 No.34293761

出票日期(大写)贰零贰壹年玖月壹拾捌日　　　　付款行名称:建行莱山支行

收款人:东方明珠有限公司　　　　　　出票人账号:866110273876

人民币 (大写) 玖万柒仟肆佰叁拾元整	百	十	万	千	百	十	元	角	分
			¥9	7	4	3	0	0	0

7456845083382389

用途:购货款
上列款项请从我账户内支付
出票人签章　孙伟明印

瑞福实业有限公司
财务专用章

本支票付款期限十天

复核　　　记账

附加信息:	被背书人:	被背书人:	(贴粘单处)
	背书人签章 年 月 日	背书人签章 年 月 日	

表 4-46

收 款 收 据

2021 年 9 月 18 日　　　　　　　　No.00152576

今收到　瑞福实业有限公司转账支票一张

摘要　还货款

人民币(大写)玖万柒仟肆佰叁拾元整(￥97430.00)

此　据

单位盖章：　　　　　　　　　　经手人盖章：

三　记账(绿)

负责人：　　　　　会计：　　　　　出纳：　　　　记账

4.21 日,收到福明科技有限公司转账支票一张(见表 4-47),用于归还货款,出纳员审核无误,收妥支票开出收款收据(见表 4-48)。经批准将该支票背书给是华联商厦有限公司,出纳办理背书手续。

表 4-47

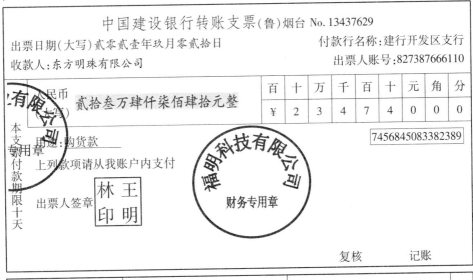

中国建设银行转账支票(鲁)烟台 No.13437629

出票日期(大写)贰零贰壹年玖月零贰拾日　　　付款行名称：建行开发区支行

收款人：东方明珠有限公司　　　　　　　　　出票人账号：827387666110

	百	十	万	千	百	十	元	角	分
人民币(大写)贰拾叁万肆仟柒佰肆拾元整	￥	2	3	4	7	4	0	0	0

用途：购货款

上列款项请从我账户内支付

出票人签章

本支票付款期限十天

7456845083382389

复核　　　记账

附加信息：	被背书人：	被背书人：	(贴粘单处)
	背书人签章 年　月　日	背书人签章 年　月　日	

表 4 – 48

收 款 收 据

2021 年 9 月 21 日   No.00525579

三 记账（绿）

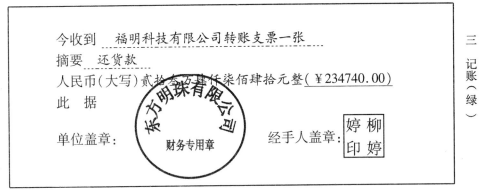

今收到 　福明科技有限公司转账支票一张

摘要 　还货款

人民币(大写)贰拾叁万肆仟柒佰肆拾元整(￥234740.00)

此 据

单位盖章：   经手人盖章：

负责人：   会计：   出纳：   记账

5.23 日，收到同城资金清算系统贷方补充报单，表 4 – 49。

表 4 – 49

中国工商银行

同城资金清算系统贷方补充报单第二联   NO.1477998

2021 年 9 月 23 日

收款人收账通知

提出行代号	2345	提出行行名	东山支行	提入行行代号	0877	凭证日期	2021/09/23
付款人 全 称	利仁实业有限公司			收款人 全 称	东方明珠有限公司		
付款人 账 号	038568090883			收款人 账 号	160602005698		
金额	(大写)柒拾玖万元整			金额	￥790000.00		
事由	还货款						

上列款项已经入账。(银行盖章) 如有错误，请持此联，来我行面洽 此致		上列款项已照收无误。 (收款人盖章)	科目
			对方科目
			记账 复核

（二）银行本票结算方式的技能训练【4 – 2】

1.5 日，业务员刘明根据采购计划，从宏达科技有限公司购买材料 124247.79 元，进项税额 16152.21 元，价税合计 140400 元，经批准使用银行本票结算，出纳员办理相关手续。

表4-50 东方明珠有限公司付款通知单

收款单位全称	宏达科技有限公司			
开户银行	工商银行白石路分理处		账号	682831102756
付款理由	支付货款		付款时间	2021 年 9 月 5 日
支付方式	□支票 □汇票 ☑本票 □现金 □汇兑 □其他			
付款金额	人民币（大写）	壹拾肆万零肆佰元整		
公司领导签批 张为民 2021 年 9 月 5 日		部门负责人审签意见 柳玉东 李秀丽 2021 年 9 月 5 日		申请人 刘明

表4-51 中国建设银行本票申请书（借方凭证）

申请日期 年 月 日　　　　第 号

申请人		收款人										
账 号 或住址		账 号 或住址										
用 途		代 理 付款行										
汇票金额	人民币 （大写）		千	百	十	万	千	百	十	元	角	分

上列款项请从我账户内支付　　　　　　　科　　目(借)
　　　　　　　　　　　　　　　　　　　对方科目(贷)
　　　　　　　　　　　　　　　　　　　密　押
　　　　　　　　　　　　　　　　　　　转账日期　年　月　日
申请人盖章　　　　　　　　　　　复核　　　　　记账

此联出票行作借方凭证

2.12 日,销售产品269203.54 元,开出增值税专用发票(略),价税合计304200 元,产品已经发出,收到海通商厦交来的银行本票一张,如表 4-52 所示,审核无误开出收款收据(略),并办理委托银行收款手续。

表 4 - 52　　　　　　中国建设银行　本票　　2　　地名　17263439

付款期限壹个月				

出票日期(大写)贰零贰壹年玖月零壹拾日

收款人:东方明珠有限公司		申请人:海通商厦有限公司		
凭票即付	人民币(大写)	叁拾万肆仟贰佰元整		
转账	现　金			
备注:				
		出票行签章	出纳:　复核:　记账:	

（三）银行汇票结算方式的技能训练【4 - 3】

1.9 日,业务员刘明根据采购计划,准备从大连华康有限公司购买材料,总金额 200000 元,经批准使用银行汇票,出纳员办理相关手续。

表 4 - 53　　　　　东方明珠有限公司付款通知单

收款单位全称	大连华康有限公司			
开户银行	招商银行红旗路分理处	账号	283681102756	
付款理由	支付货款	付款时间	2021 年 9 月 9 日	
支付方式	□支票　☑汇票　□本票　□现金　□汇兑　□其他			
付款金额	人民币(大写)	贰拾万元整		
公司领导签批 张为民 2021 年 9 月 9 日	部门负责人审签意见 柳玉东　李秀丽 2021 年 9 月 9 日	申请人 刘明		

2.15 日,业务员刘明采购回来,交来增值税专用发票、收款收据等,材料验收入库。

表 4－54

山东增值税专用发票

发票联

开票日期　2021 年 9 月 12 日

购货单位	名　　称:东方明珠有限公司 纳税人识别号:370602700730898 地址、电话:开发区幸福路 88 号 6376945 开户行及账号:工行开发区支行 160602005698	密码区	6*20 - <6>6 -415306 -7>3 +8 加密版本: 0181 -2964 +96364/6 +/ - <6 + 81 -64 >310 +/ -28 > <6 <52370012520 <7028/ -4142579/6 > >0614178545

货物或应税劳务名称	规格型号	单位	数量	单价	金额	税率	税额
色拉油		千克	20000	8.05031	161061.95	13%	20938.05
合　计					￥161061.95		￥20938.05

价税合计(大写)⊗壹拾捌万贰仟圆整		（小写）￥182000.00	

销货单位	名　　称:大连华康有限公司 纳税人识别号:370206165732022 地址、电话:大连市红旗路 35 号 62623421 开户行及账号:招商银行红旗路分理处 283681102756	备注	大连华康有限公司 370206165732022 发票专用章

收款人:　　　　　复核:　　　　　开票人:魏松　　　　　销货单位:(章)

说明:抵扣联略

表 4－55

收 款 收 据

2021 年 9 月 12 日

No.0001023

今收到　　东方明珠有限公司银行汇票一张

摘要　　还货款

人民币(大写)壹拾捌万贰仟元整（￥182000.00）

此　据

单位盖章:　　大连华康有限公司　财务专用章　　　经手人盖章:　李玲

财务负责人:　　　　　会计:　　　　　出纳:李玲　　　　记账:

3.16 日,销售给福州商厦有限公司产品 434867.26 元,开出增值税专用发票(略),增值税 56532.74 元,价税合计 491400 元,产品已经发出,收到一张银行汇票,出票金额 500000 元,出纳员审核无误填明实际结算金额并开出收据(略),办理收款手续。

表 4-56

<table>
<tr><td>付款期限
壹个月</td><td colspan="2">中国建设银行
银行汇票(正联)   2</td><td>汇票号码45009889</td></tr>
</table>

出票日期 (大写)	贰零贰壹年玖月壹拾叁日	代理付款行:工行开发区支行 行号:100048010265

收款人:东方明珠有限公司	账号:160602005698

| 出票金额 | 人民币
(大写) | **伍拾万元整** |

| 实际结算金额 | 人民币
(大写) | | 万 千 百 十 万 千 百 十 元 角 分 |

| 申请人:福州商厦有限公司 | 账号:0998228905600 |
| 出票行:建设银行福州支行 | 行号:784534290023 |

| 备注:_____ | 密押: |
| 凭票付款
出票行签章 | 建设银行股份有限公司
104560106123
汇票专用章 | 多余金额
千 百 十 万 千 百 十 元 角 分 | 复核   记账 |

此联代理付款行付款后作联行往账借方凭证附件

表 4-57

<table>
<tr><td>付款期限
壹个月</td><td colspan="2">中国建设银行
银行汇票(解讫通知)   3</td><td>汇票号码45009889</td></tr>
</table>

出票日期 (大写)	贰零贰壹年玖月壹拾叁日	代理付款行:工行开发区支行 行号:100048010265

收款人:东方明珠有限公司	账号:160602005698

| 出票金额 | 人民币
(大写) | **伍拾万元整** |

| 实际结算金额 | 人民币
(大写) | | 万 千 百 十 万 千 百 十 元 角 分 |

| 申请人:福州商厦有限公司 | 账号:0998228905600 |
| 出票行:建设银行福州支行 | 行号:784534290023 |

注:_____	密押:
	多余金额 千 百 十 万 千 百 十 元 角 分
代理付款行签章 复核 经办		复核 记账

此联出票行兑付后随报单贷方寄出票行,由出票行作多余款贷方凭证

163

4.18 日,收到银行转来的多余款收账通知。

表 4-58

<table>
<tr><td rowspan="2">付款期限
壹个月</td><td colspan="3" style="text-align:center">中国工商银行
银行汇票(多余款收账通知)　　4</td><td colspan="2">汇票号码 98450089</td></tr></table>

付款期限 壹个月	中国工商银行 银行汇票(多余款收账通知)　4		汇票号码 98450089

出票日期 (大写)	贰零贰壹年玖月零玖日	代理付款行:招行红旗路分理处 行号:865006778509

收款人:大连华康有限公司	账号:283681102756

出票金额	人民币 (大写)	贰拾万元整

实际结算金额 人民币(大写) 壹拾捌万贰仟元整 万千百十万千百十元角分 ¥18200000

申请人:东方明珠有限公司	账号:160602005698
出票行:工商银行开发区支行	行号:100048010265

备注:

密押:

多余金额 千百十万千百十元角分 ¥1800000

出票行签章
中国工商银行股份有限公司
04560061236
汇票专用章
年　月　日

中国工商银行烟台分行开发区支行
2021.09.09
转讫章

左列退回多余金额
已收入你账户内

(四)汇兑结算方式的技能训练【4-4】

1.16 日,经批准采用汇兑方式归还上海日清有限公司材料款 124239.30 元,出纳办理汇款手续。

表 4-59　　东方明珠有限公司付款通知单

收款单位全称	上海日清有限公司		
开户银行	建设银行红旗路分理处	账号	283681102756
付款理由	支付货款	付款时间	2021 年 9 月 16 日
支付方式	□支票 □汇票 □本票 □现金 ☑汇兑 □其他		
付款金额	人民币 (大写)	壹拾贰万肆仟贰佰叁拾玖元叁角整	
公司领导签批 张为民 2021 年 9 月 16 日	部门负责人审签意见 柳玉东　李秀丽 2021 年 9 月 16 日	付款申请人 魏大生	

2.21 日,接到开户银行转来的收款通知,是北京华联商厦归还货款 90000 元。

表 4-60　　　　　　中国工商银行汇兑凭证　　　　　No. 176523859

批量包委托日期:2021/09/20　　批量包类型:PKG001　　　批量包编号:02021435
业务种类:11 业务类型:BEPS 贷记支付交易序号:00017642
发起行行号:103456310026　汇款人开户行行号:103456236512　委托日期:2021/09/20
发起行名称:招商银行北京永安支行
付款人账号:090038568883
汇款人名称:北京华联商厦有限公司
付款人地址:
接受行行号:100048010265　收款人开户行行号:100048010265 收报日期:2021/09/20
接受行名称:工商银行开发区支行
收款人账号:160602005698　　收款人名称:东方明珠有限公司
收款人地址:
货币符号金额:RMB90000.00
大写金额:人民币玖万元整
附言:
证件类型:　　　　　　　证件号码:
费用账号:手续费:RMB　　　　　邮电费:RMB
机构:10224 经办柜员:9992716　补打日期:2021

（五）委托收款结算方式的技能训练【4-5】

1. 2 日,销售给东方实业有限公司产品 289911. 50 元,开出增值税专用发票（略）,增值税 37688. 50 元,价税合计 327600 元,产品已经发出,出纳员办理委托开户银行收款手续。东方实业有限公司开户行:招商银行扬州支行,账号:983492383005。

2. 5 日接到开户银行转来的收账通知,系收回东方实业公司销货款 327600元。

表4-61　中国工商银行托收凭证(汇款依据或收账通知)　4

币别　　　　　　　　　委托日期2021 年 9 月 2 日

业务类型		委托收款(□邮划、√电划)			托收承付(□邮划、□电划)				
汇款人	全称	东方实业有限公司			收款人	全称	东方明珠有限公司		
	账号	983492383005				账号	160602005698		
	地址	江苏省扬州市	开户行	招商银行扬州支行		地址	山东省烟台市	开户行	工行开发区支行

金额 人民币(大写)	叁拾贰万柒仟陆佰元整		亿	万	千	百	十	万	千	百	十	元	角	分
							¥	3	2	7	6	0	0	0	0

款项内容	销货款		委托收款	附单据张数	4 张
商品发运情况	已发运		合同名称号码	90128506	
备注:					

复核：　　　记账：

（六）商业汇票结算方式的技能训练【4-6】

1.18 日,光华商贸有限公司开具的商业汇票到期,办理委托开户银行收款手续。

表4-62　　　　　　银行承兑汇票　　　2

出票日期　贰零贰壹年零陆月壹拾捌日　　　汇票号码
(大写)

出票人全称	光华商贸有限公司	收款人	全称	东方明珠有限公司								
出票人账号	820935300908		账号	160602005698								
付款人全称	农业银行上海黄埔支行		开户银行	工行开发区支行								
出票金额	人民币(大写) 贰佰壹拾陆万元整			亿	千	百	十	万	千	百	十	元	角	分
					¥	2	1	6	0	0	0	0	0	0

汇票到期日(大写)	贰零贰壹年玖月壹拾捌日	付款行	行号	502604810100
承兑协议编号 2021 年 0631-56 号			地址	上海市黄浦路108 号
此汇票请你行承兑,到期无条件付款。 出票人签章		本汇票已经承兑,到期日有本行付款。 承兑日期 2021 年 06 月 18 日 备注:0320809017430		复核　　记账

2. 20 日,向杭州商厦购买材料 517699. 12 元,增值税 67300. 88 元,价税合计 585000 元,开出为期 3 个月的商业汇票,并向开户行办理承兑手续,收到银行的收费凭证见表 4 – 63,银行承兑汇票存根联(见表 4 – 64),材料尚未收到。

表 4 – 63

业务收费凭证 3

币别   2021 年 9 月 20 日   流水号:9043529669

付款人:东方明珠有限公司		账号	160602005698	
工本费金额	手续费金额	电子汇划金额		合计金额
	292.50			292.50
合计(大写)	贰佰玖拾贰元伍角 2021.09.20		合计(小写)￥292.50	
备注:				

会计主管: 授权: 复核:王宇柏   录入:陈蔚然

表 4 – 64   **银行承兑汇票(存根) 3**

出票日期(大写) 贰零贰壹年玖月零贰拾日   汇票号码

出票人全称	东方明珠有限公司	收款人	全 称	杭州商厦有限公司
出票人账号	160602005698		账 号	230009830098
付款行全称	工行开发区支行		开户银行	建设银行杭州支行
出票金额	人民币(大写) **伍拾捌万伍仟元整**			亿千百十万千百十元角分 ￥585000000
汇票到期日(大写)	贰零贰壹年壹拾贰月零贰拾日	付款行	行号	100048010265
承兑协议编号	2021 年 0193 – 69 号		地址	烟台市开发区幸福路 88 号
此汇票请你行承兑,到期无条件付款。 出票人签章		本汇票已承兑,到期日有本行付款。 签章 承兑日期 2021 年 09 月 20 日 备注:2090108037430		复核 记账

此联出票人存查

3. 23 日,销售产品 414159. 29 元,增值税 53840. 71 元,价税合计 468000 元,收到宏兴实业有限公司开具的为期 3 个月的商业承兑汇票。

表4-65

商业承兑汇票　　2

出票日期（大写）贰零贰壹年玖月贰拾叁日　　　汇票号码

付款人	全 称	宏兴实业有限公司	收款人	全 称	东方明珠有限公司
	账 号	12005609809		账 号	160602005698
	开户银行	建设银行大连分行		开户银行	工行开发区支行

出票金额	人民币（大写）肆拾陆万捌仟元整	亿 千 百 十 万 千 百 十 元 角 分
		￥ 4 6 8 0 0 0 0 0

汇票到期日（大写）	贰零贰壹年壹拾贰月贰拾叁日	付款人开户行	行号	102600480510
交易合同号码 0230981			地址	大连市滨海路288号

本汇票已经承兑，到期日无条件支付票款。 承兑人签章 2021年9月23日 李涛	本汇票请予以承兑与到期日付款。 出票人签章

（宏兴实业有限公司 财务专用章）

此联收款人开户行随托收凭证寄付款行作借方凭证附件

表4-66

山东增值税专用发票

（全国统一发票监制章 记账联）

开票日期　2021年9月23日

购货单位	名 称：宏兴实业有限公司 纳税人识别号：330602165023227 地址、电话：高新区观海路389号 2362421 开户行及账号：建行大连分行 12005609809	密码区	6 * 20 - <6 >15306 - 46 - 7 >3 + 8 加密版本： 0181 - 2964 + 96364/6 + / - <6 + 81 - 64 >3 + 10/ - 28 > <6 <57002312520 <7028/ - 4142579/6 > >0614854517

货物或应税劳务名称	规格型号	单位	数量	单价	金额	税率	税额
产品		件	500	828.3186	414159.29	13%	53840.71
合 计					￥414159.29		￥53840.71

价税合计（大写）⊗肆拾陆万捌仟圆整	（小写）￥468000.00

销货单位	名 称：东方明珠有限公司 纳税人识别号：370602700730898 地址、电话：烟台市开发区幸福路88号 6376945 开户行及账号：工行开发区支行 160602005698	备注	（东方明珠有限公司 370602700730898 发票专用章）

收款人：金巧巧　　　复核：　　　开票人：魏松　　　销货单位：（章）

第一联：记账联 销货方记账凭证

第二部分　国际结算

任务一　认识国际结算

【任务目标】

通过本任务的学习,能清楚地描述国际结算的含义及种类,明确 SWIFT 的含义。

【任务导入】

【例4-11】星辉食品有限公司在前不久的轻工业贸易博览会上与外商达成销售协议,客户需要该公司银行的 SWIFT CODE,请问,SWIFT CODE 是什么意思?

【相关知识】

一、国际结算的含义

国际结算,就是以货币的收付来清偿国与国之间因经济文化交流、政策性事务性交流所产生的债权债务。国际结算的目的就是以有效的方式和手段来实现国际间以货币表现的债权债务的清偿。

国际结算与国内结算相比有以下不同:

1. 货币活动范围不同

国内结算是在一国范围内,货币活动不超出国界;国际结算是跨国进行,货币活动超出一国范围。

2. 使用的货币不同

国内结算收付使用同一种货币;国际结算则往往使用不同的货币,通常需要进行货币兑换。

3. 所遵循的法律不同

在国内结算中,出现问题时,有关方面遵循的是同一法律;而在国际贸易结算中如果发生与法律有关的问题,就不能简单地使用所涉及的两国中任何一国的法律来解决,而需要根据国际惯例或者事先由当事双方共同协商议定的对方中某一国或者第三国的仲裁法进行裁决。

另外,国际结算与国内结算在支付工具、贸易及外汇管制引起的业务处理方法等方面也有所不同。

二、国际结算的种类

引起国与国之间货币收支的原因众多,如出国留学、旅游、劳务输出、承包国际工程、对外投资、商品贸易等,大致可以分为三类:第一类是有形贸易类,即商品贸

易;第二类是无形贸易类;第三类是金融交易类。因此国际结算也归纳为三类:

1. 国际贸易结算。是指国内各单位在商品进出口业务中所发生的与国外有关单位和个人之间债权债务关系的结算业务,即对外一般商品贸易结算。

2. 国际非贸易结算。是指国内各单位由于从事商品贸易以外的经济、政治、文化交往活动,如劳务输出、国际旅游、技术转让以及侨民捐赠、汇款等发生的债权债务关系的结算业务。

3. 国际金融结算。是指国内各单位由于从事国际金融交易活动,如对外投资、筹资、外汇买卖等发生的债权债务的结算业务。

随着国际贸易和其他经济文化交流等方面的发展,国际结算方式也发生了很大变化。从最初跨国运送黄金、白银等贵金属的现金结算方式,发展到以非现金结算方式为主。在非现金结算中,银行充当了重要的角色,不仅作为中介来为进出口商办理转账,更进一步发挥了信用保证和提供资金融通的作用。随着科技的进步,国际结算正逐步趋于电脑化、网络化,SWIFT 就是国际结算电脑化、网络化的一个非常成功的例子。

三、SWIFT CODE

SWIFT 是环球同业银行金融电讯协会的缩写,全称为 Society for Worldwide Interbank Financial Telecommunications。它是一个国际银行同业间非赢利性的合作组织,总部设在比利时的布鲁塞尔,该组织成立于 1973 年 5 月。目前,SWIFT 在全世界拥有会员银行 2044 个。中国银行于 1983 年加入了 SWIFT 协会,成为其会员银行,其后,中国工商银行、中国农业银行等也先后加入,开通使用 SWIFT 系统。SWIFT 可以为客户提供快捷、标准化、自动化的通讯服务,凡该协会的会员银行都有自己特定的唯一代码,即 SWIFT CODE,该号相当于各个银行的身份证号。

SWIFT 的编号规则一般是 8 位或 11 位,前四位为某银行代码,如中行是 BKCH、农行是 ABOC,紧接着四位是国别及地区代码,如中国北京是 CNBJ,后面可能会有 3 位的数字或字母代码,一般是指具体的分支行。

【任务实施】

SWIFT CODE 是"银行代码",中国银行山东分行的 SWIFT 代码是 BKCHCN-BJ500,中国银行烟台分行的 SWIFT 代码是 BKCHCNBJ51A。

任务二　外汇基本常识

【任务目标】

通过本任务的学习,能准确识读外汇牌价,能正确开立和使用外汇账户。

【任务导入】

【例4-12】小王是某财经院校应届毕业生,去某外贸公司面试时,财务主管提到公司有一笔贸易出口的美元外汇收入,当天要去银行办理结汇,让小王计算一下银行存款人民币户的入账金额是多少?

【例4-13】星辉食品有限公司属于内资企业,与日本客商达成销售协议,准备长期向该企业提供产品,请问如何在银行开立外汇账户?

【相关知识】

作为一个涉外企事业单位的出纳必须掌握相关的外汇基本常识,以便更好地进行业务操作。

一、外汇的含义

根据2008年国务院发布的《外汇管理条例》的规定,外汇是指下列以外币表示的可以用作国际清偿的支付手段和资产:

(一)外币现钞,包括纸币、铸币;

(二)外币支付凭证或者支付工具,包括票据、银行存款凭证、银行卡等;

(三)外币有价证券,包括债券、股票等;

(四)特别提款权;

(五)其他外汇资产。

由此可见,外汇不是简单的外国货币,外汇比外国货币的概念更广。作为国际结算所使用的外汇,主要是指各种外汇支付凭证,其他形式则相对较少。

二、汇率(Foreign Exchange Rate)

(一)汇率的含义

外汇作为一种资产,同其他商品一样,也具有价格,即汇率。具体来说,汇率是指一国货币兑换成另一国货币的比率或比价。比如:1美元等于6.6527元人民币,1美元等于8.2756港元,意思是说,用1美元可以兑换6.6527元人民币,1美元可以兑换8.2756港元。

(二)汇率的表示方法

汇率的表示方法有直接标价法和间接标价法两种。

1. 直接标价法

直接标价法是指用一定单位的外国货币,折算成本国货币来表示的标价方式。目前世界上绝大多数国家都采用直接标价法,我国也采用这种方法。

例如2020年7月21日我国国家外汇管理局公布的外汇牌价:

100美元=696.79元人民币

100港元=89.89元人民币

采用这种标价方法,总是把外国货币看做是"商品",在标价中采用一个固定不变的量(如1或100),如同给摆在商场柜台中的商品标出价格一样,如100克茶叶＝40元人民币,把本国货币看做是用来购买这种特殊商品——外国货币,给外国货币标出价格,即为直接标价法。

在直接标价法下,本国货币数值越大,表示外汇汇率上升,外汇升值,本币贬值;反之表示外汇贬值,本币升值。

2. 间接标价法

间接标价法是指以本国货币为标准,用一定单位的本国货币,折算成外国货币来表示的标价方法。目前国际上只有英国、美国、澳大利亚和新西兰等少数国家采用间接标价法。如美国某银行的外汇牌价:1美元＝7.7706港元。

在间接标价法下,外国货币数值越大,表示本国货币汇率上升,本币升值,外币贬值;反之表示本币贬值,外币升值。

(三)汇率的分类

不论何种标价方法,汇率作为外汇买卖的价格,都将有买入价和卖出价之分。从银行买卖外汇的角度可以将汇率分为买入汇率、卖出汇率、中间汇率和现钞汇率。

1. 买入汇率(Buying Rate),也称买入价,是银行向同业或客户买入外汇时使用的汇率。

2. 卖出汇率(Selling Rate),也称卖出价,是银行向同业或客户卖出外汇时使用的汇率。

持汇企业去银行结汇,将外汇卖给银行,从银行的角度看是买入外汇,使用的汇率为买入价,而企业去银行购汇,银行将外汇出售给企业,从银行的角度看是卖出外汇,使用的汇率为卖出价。银行买卖外汇的目的是为了追求利润,它们通过低价买进、高价卖出来赚取买卖差价。也就是说,买入汇率和卖出汇率的差额就是银行经营外汇业务的利润。因此,买入汇率总是低于卖出汇率的。

3. 中间汇率(Middle Rate),也称中间价,是买入汇率和卖出汇率的平均数。各种新闻媒体在报道外汇行情时大多采用中间汇率,人们研究汇率变化也往往参照中间汇率。

4. 现钞汇率(Bank Note Rate),也称现钞价,是银行向客户买入外币现钞时使用的汇率。现钞买入价一般低于外汇买入价,而现钞卖出价与外汇卖出价相同。

为什么现钞买入价一般低于外汇买入价?因为银行在买进外汇(外币支付凭证)后,资金通过划账很快就可以存入外国银行,开始生息或可以调拨使用。而现钞却只能在其发行国使用,或存入其发行国银行或外国银行才能获得利息收入。因此,银行买进外国钞票后,要经过一段时间,等外币现钞积累到一定数量后,才能将其运送并存入外国银行调拨使用。在此之前买进外币钞票的银行要承受一定的利息损失,并且将外币现钞运送并存入外国银行的过程中还有运费和保险费等支出。银行要将这些损失及费用转嫁给卖出外币现钞的客户,故银行买入外币现钞的价格低于买入外汇的价格。

汇率时效性相当强,例如,2020年7月17日人民币对美元汇率1美元=6.9789人民币,而2020年7月21日汇率为1美元=6.9679人民币。汇率的频繁变动,会给一个单位或个人手中持有的以外币计价的资产或负债的市场价值带来上涨或下跌的风险,作为涉外企业的出纳人员要了解这种外汇风险,同时也要积极防范外汇风险,如在人民币汇率持续上涨的情况下,对企业的外汇收入应尽早结汇,以防止汇兑损失;在对外交易中尽量选择对企业有力的货币计价,基本的原则是"收硬付软",即出口收汇选择汇率稳定趋升的货币,即硬货币,而进口付汇应尽可能选择汇率相对趋降的货币,即软货币等等。

涉外交易不仅是一个企业或个人的行为,还会进而影响到一国的国际收支平衡、货币汇率以及国内市场,因此,政府会制定相关的法规制度,对一国境内的外汇买卖、国际间的结算、外汇汇率及外汇市场实行控制和管理,这种管理一般是由政府指定或授权某一机构履行实施的。我国的外汇管理机关是国家外汇管理局及其分支机构。涉外企事业单位的出纳业务是一项政策性很强的工作,出纳人员应熟悉国家外汇管理制度,要按照国家外汇管理相关规定,办理外汇出纳业务。

三、外汇账户管理

外汇账户是指境内机构、驻华机构、个人对外贸易经营者及个体工商户在外汇指定银行开立的可自由兑换货币的账户。

外汇账户根据用途的不同可分为外汇结算账户和外汇专用账户。其中:外汇结算账户用于企业经常项目下的外汇资金结算;外汇专用账户(外债专户、资本金专户、贷款专户、还本付息专户等)用于专用资金的结算。

(一)外汇账户的开立

1.外汇结算账户的开立、变更、撤销

(1)开立

根据《境内机构经常项目外汇账户管理实施细则》及《关于境内机构自行保留经常项目外汇收入的通知》及相关规定:新开立经常项目外汇账户的,境内机构持营业执照(或社团登记证)及组织机构代码证到外汇局经常项目科进行机构基本信息登记后,即可到外汇指定银行开立经常项目外汇账户。

外商投资企业已办理《外商投资企业外汇登记证》的,不需到外汇局登记企业信息,可直接到外汇指定银行办理经常项目外汇账户开户手续。

(2)变更

企业变更和关闭经常项目外汇账户,无需经外汇局审批,可直接到开户银行办理。

（3）撤销

开户单位由于外汇账户使用期满或者其他原因关闭账户时，待外汇余额全部结汇后，办理撤销手续。

2. 外汇专用账户的开立、变更、撤销

（1）开立

境内机构要开立外汇专用账户必须先到国家外汇管理局办理审批手续，凭外汇局核发的 IC 卡外汇登记证到外汇指定银行办理开户。

（2）变更

开户单位由于种种原因，需要变更外汇专用账户的，应向外管局提出申请，变更 IC 卡外汇登记证有关内容，然后到银行办理变更手续。但不得变更账户的收支范围。

（3）撤销

开户单位由于外汇账户使用期满或者其他原因关闭账户时，应先向外管局提出申请，外汇余额应全部结汇，经批准后到银行办理撤销手续。其中属于外商投资企业外方投资者的部分，允许其转移或汇出。

（二）外汇账户的使用

开户单位使用外汇账户应严格遵守国家外汇管理的有关规定和其外汇账户收支范围，并接受开户银行的监督。

开户单位不得出租、出借、转让外汇账户；不得擅自改变账户使用范围；不得利用外汇账户非法代表其他单位或个人收付、保存或者转让外汇。

【任务实施】

1. 小王应查询结汇银行的当日牌价，选择银行公布的外汇买入价进行计算。

2. 出纳员应持营业执照及组织机构代码证到外汇局经常项目科进行机构基本信息登记，然后到外汇指定银行开立外汇结算账户。

任务三　汇付结算方式

【任务目标】

通过对汇付结算方式的学习，能够正确填写汇款申请书，办理电汇付款，能够正确办理收到汇款。

【任务导入】

【例 4－14】星辉食品有限公司法人代表林庆辉，出纳员杨超，制单员孙明芳。开户银行：中国银行解放路支行，账号 218053387829，地址：烟台市解放路 116 号。

2020年9月,星辉食品有限公司发生如下经济业务:

1.3日,经批准采用电汇方式汇款给DELL Inc.1 222 660日元,用于偿还前欠货款(原账面金额为101 050.40元),当日卖出价为8.3008。

2.5日,收到银行通知,收到日本Nichier Inc.汇来的货款18 480 426日元(原账面金额为1527370.25元),当日买入价为8.2148。

请问:如果你是该公司的出纳,需要办理哪些手续,如何进行账务处理?

【相关知识】

一、汇付的含义

汇付(Remittance)是付款人委托银行,将款项以某种方式付给收款人的结算方式。

一笔汇款有四个基本当事人:汇款人、汇出行、汇入行及收款人。

汇款人(Remitter)即付款人,通常是进出口交易中的进口方或其他经贸往来中的债务人。

汇出行(Remitting Bank)即汇出款项的银行,通常是进口方所在地银行。

汇入行(Paying Bank)即受汇出行的委托解付汇款的银行,又称解付行,通常是出口方所在地银行。

收款人(Payee or Beneficiary)即收款方,也称受益人。通常是进出口交易中的出口方或其他经贸往来中的债权人。当汇款人要求银行把款项汇至另一地,由其自取时,汇款人和收款人是同一人。

其中汇出行汇出的汇款称为汇出汇款(Outward Remittance);汇入行汇入的汇款称为汇入汇款(Inward Remittance)。

汇款人在委托汇出行办理汇款时,要出具汇款申请书。此项申请书被视为汇款人与汇出行之间的一种契约。汇出行一经接受申请,即有义务按汇款申请书的指示通知汇入行。汇出行与汇入行之间,事先订有代理协议,在代理协议规定的范围内,汇入行对汇出行承担解付汇款的义务。由此可见,利用汇付方式结算货款,银行只提供服务,卖方能否按时收回约定的款项,完全取决于买方的信誉,因此,汇付的性质属于商业信用。在国际贸易中,汇付的使用有局限性,通常多用于订金、运费、佣金、小额货款及货款尾数的支付。

二、汇付的种类及业务流程

根据汇付使用的支付工具不同,主要分为电汇、信汇和票汇三种,目前常用的是电汇和票汇。

(一)电汇(Telegraphic Transfer,简称T/T)

电汇是汇出行应汇款人的申请,通过发送加押电报、电传或SWIFT形式给其在国外的分行或代理行,指示其解付一定金额给收款人的一种汇款方式。电汇方式收款较快,但费用较高,业务中广泛使用。

电汇业务的基本流程如图4-16所示。

1. 汇款人将应汇出款项交汇出行。并填写汇款申请书。

2. 汇出行根据申请,拍发加押电报、电传或SWIFT给另一国的代理行或分行(汇入行),通知汇入行付款。

3. 汇入行核对密押以证实该电文确为汇出行所发,并缮制电汇通知书,通知收款人取款,收款人收取款项后出具收据作为收妥汇款的凭证。

4. 汇入行解付汇款后,将付讫借记通知书寄给汇出行进行转账,一笔汇款业务得以完成。

(二)信汇(Mail Transfer,简写为M/T)

信汇是汇出行应汇款人的申请,用航空邮寄信函的方式来指示国外代理行支付一定金额的款项给收款人的汇款方式。这种结算方式收费较低,但时间较长,安全性低,现在已很少使用。

信汇业务的基本流程如图4-16所示。

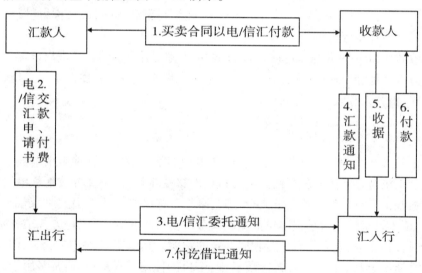

图4-16　电汇和信汇业务流程图

其中:

1. 汇款人向汇出行提出申请,并交款付费给汇出行,取得信汇回执。

2. 汇出行把信汇委托书邮寄汇入行,委托汇入行解付汇款,汇入行凭以通知收款人取款。

3. 收款人取款时须在"收款人收据"上签字或盖章,交给汇入行,汇入行凭以解付汇款,同时将付讫借记通知书寄给汇出行,从而使双方的债权债务得到清算。

（三）票汇（Banker's Demand Draft，简写为 D/D）

票汇就是汇出行应汇款人的申请，开出银行即期汇票交汇款人，由他自行携带出国或寄给收款人凭汇票取款的汇款方式。与信汇、电汇不同之处在于，票汇的汇入行无须通知收款人前来取款，而是收款人向汇入行取款；汇票经收款人背书后可以在市场上流通转让，而信汇委托书则不能转让。这种结算方式收费较低，业务中的使用量仅次于电汇。票汇业务的基本流程如图 4-17 所示。

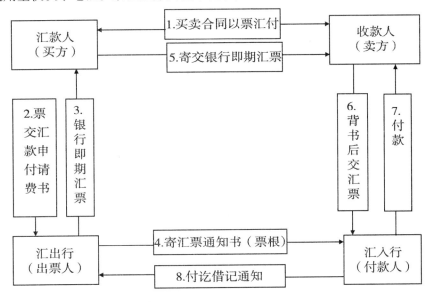

图 4-17 票汇业务流程图

其中：

1. 汇款人填写申请书，并交款付费给汇出行。

2. 汇出行开立银行汇票交给汇款人，由汇款人自行邮寄给收款人。

3. 汇出行将汇票通知书或称票根（advice or drawing）邮寄给汇入行。

4. 收款人持汇票向汇入行取款时，汇入行验对汇票与票根无误后，解付票款给收款人，并把付讫借记通知书寄给汇出行，以结清双方的债权债务。

【任务实施】

1. 9 月 3 日，经批准采用电汇方式汇款给 DELL Inc. 1 222 660 日元，用于偿还前欠货款（原账面金额为 101 050.40 元），当日卖出价为 8.3008。

出纳应填写一式四联的"境外汇款申请书"，银行审查无误收取手续费、电汇费后办理汇款，将加盖银行业务章的申请书回单联（表 4-67）和银行收费凭证（表 4-68）退回出纳员。制单员据回单联编制记账凭证：

借：应付账款　　　　　　　　　　　　　　　　101050.40

　　财务费用——汇兑损失　　　　　　　　　　　440.16

　　　　贷:银行存款　　　　　　　　　　　　　　　101490.56

　　制单员据银行收费凭证,编制记账凭证:

　　　　借:财务费用——手续费　　　　　　　　　　200

　　　　贷:银行存款　　　　　　　　　　　　　　　200

表4-67　　　　　　　　　境外汇款申请书

APPLICATION FOR FUNDS TRANSFERS（OVERSEAS）

日期 2020/09/03
Date

√电汇 T/T　票汇 D/D　信汇 M/T	发电等级　√普通 NOMAL□加急 Urgent	
申报号码 BOP Reporting No.	37060000103101010A006	
银行业务编号 Bank Transac. Ref. No	JT2478W1700	收电行/付款行 Receiver/Drawn on	
32　汇款币种及金额 Currency&interbank. Settlement. Amont	JPY1222660.00	金额大写 Amount in words	日元壹佰贰拾贰万贰仟陆佰陆拾元整
其中　现汇金额 Amount in FX	JPY1222660.00	账号 Account no./Credit Card No.	218053387829
其中　购汇金额 Amount of purchase		账号 Account no./Credit Card No.	
其他金额 Amount of others		账号 Account no./Credit Card No.	
50a　汇款人名称及地址 Remitter's Name &address	XINGHUI FOODS COMPANY LIMITED. 166JIEFANG ROAD YANTAI CHINA		
√对公　组织机构代码 Unit code	13342103-7	对私　个人身份证件号码 individual ID NO. □中国居民个人　□中国非居民个人	
54/56A　收款银行之代理行名称及地址 Correspondent of beneficiary's Bank Name &Address			
57a　收款人开户银行名称及地址 Beneficiary's bank name &Address	收款人开户银行在其代理行账号 Bene's Bank A/C No. 94788 MIZUHO CORPORATE BANK,LTD.　　SWIFT CODE：MHCB JPTT OTEMACHI CORPORATE BANKING DIVISION		
59a　收款人名称及地址 Beneficiary's name &Address	收款人账号 Bene's A/C No.812276899　DELL INC. 1268 STREET		
70　汇款附言 Remittance Information	只限 140 个字位 Not exceeding 140 characters	71A　国内外费用承担 All bank's charges if any are to be borne by □汇款人 our□收款人 ben□共同 sha	
收款人常驻国家(地区)名称及代码 Resident country/region name &code　　日本 392			
请选择:□预付货款 Advance Payment□货到货款 Payment AgainstDelivery □退款 Refund□其他 Others	最迟装运日期2010.09.03		

（续表）

交易编码 BO P. Transac Code	101010 □□□□□	相应币种及金额 Currency&Amount	JPY1222660.00	交易附言 Transac. remark	一般贸易购料
是否为进口核销项下付款		☑是　□否	合同号　HY－10－09－15		发票号　HY－10－09－15
外汇局批件/登记表号		报关单经营单位代码			
报关单号	707990211	报关单币种及总金额	JPY1222660.00	本次核注金额	JPY1222660.00
报关单号		报关单币种及总金额		本次核注金额	

银行专用栏 For Bank Use Only		申请人签章 Appllicant's Signature	银行签章 Bank's Signature
购汇汇率 Rate		请按照贵行背页所列条款代办以上汇款并进行申报 Please Effect The Upmittance,Subject To The Conditions Overleaf 申请人姓名 【辉林 印庆】 Name of Applicant 电话:6827930 Phone No.	【中国银行烟台分行解放路支行】 2020.09.05 核准人签字 Authorized Person 转讫 日期 Date
等值人民币 RMB Equivalent			
手续费 Commission			
电报费 Cable Charges			
合　计 Total Charges			
支付费用方式 In Payment. of The Remittance	□现金 by Cash □支票 by Check □账户 for Accounch		
核印 Sig. Ver		经办 Maker	复核 Check-er

（图章：星辉食品有限公司 财务专用章）

表 4－68

中国银行 收费凭证
交易日期:2020/09/03

户名:星辉食品有限公司				
扣费账号:218053829387		货币:CNY		
费用名称	货币	费用金额	优惠金额	实收金额
企业国际电讯费－国际发电	CNY	150.00		150.00
对公汇出境外汇款电汇费	CNY	50.00		50.00
合计金额	CNY	200.00		200.00
合计实收金额: CNY200.00				
凭证类型:		凭证号码:		
附言:				
核准:826789　　经办:7838701　　交易流水:090176145　　交易机构:29876				

第二联　客户留存

2.9 月 5 日,接银行贷记通知(见表 4－69)后,到开户银行申报收入,填制"涉外收入申报单"(见表 4－70)及"出口收汇核销专用联信息申报表(境外收入)"(见表 4－71),银行审核无误后,退回单联并将款项划入日元户。出纳将"出口收汇核销专用联信息申报表"交跟单员办理出口退税,将"贷记通知书"和"涉外收入申报表"交

制单员编制会计分录：

借：银行存款　　　　　　　　　　1518130.04
　　财务费用—汇兑损失　　　　　　9240.21
　　贷：应收账款　　　　　　　　　1527370.25

表 4－69　　　中国银行烟台开发区支行公司业务部
　　　　　　　　国际汇款贷记通知书

CREDIT CONFIRMATION OF INWARD REMITTANCE redi

致（To）：星辉食品有限公司

Dear Sir/Madam：

下列汇入款项我行已于即日贷记你账户，如有问题请及时与我行联系，联系电话：0535－6271930

We conform that we have credited to your account the following founds. If you have any problem, Please contact us as soon as posible. Our contact Tel. No：：0535－6271930

交易名称：汇入汇款　　　　　　　交易日期：2020/09/05

Transaction Type：Inward Remittance　　　　Transaction Date：

收款人名称 Beneficiary：星辉食品有限公司

收款人账号 Beneficiary A/C No：218053387829

入账货币/金额 Credit CCY/AMT：JPY/18480426.000

汇款人名称 Remitter：NICHIER INC.

汇款行名称 Remitting Bank：MHCBJPJTA

我行业务编号：Business Ref No：TI10110100012049

汇款编号：Remittance Ref No：ORR11204225321

汇票编号 Draft No.：

起息日 Value Date：2020/09/05

汇出货币/金额：Remittance CCY/AMT：JPY/18480426.000

买入价 Buying Rate：8.2148

卖出价 Salling Rate：

国外费用 Overseas Charge：JPY/0.000

申报号码、出口收汇核销专用号码：3706000001031011102N002

Declation No./Reconciliation Receiving Specific N0.

附言 Remarks：

汇款信息 Remittance Information：IVNO,SDN－101016－39－1.3/SANTON SYOHINIKU

费用明细 Details of Charges：SHA

发报行费用 Sender's Charges：

收报行费用 Receiver's Charges：

发报行给收报行信息 Sender to Receiver Information：

备注：根据国家外汇局管理规定，请于5个工作日内到我行办理国际收支涉外收入申报手续，此凭证可代兑换水单。

Note：Please come to BOC branch/outlet to complete the international payments declaration procedures within five working days according to the reglation of SAFE. This document could be used as Exchange Memo.

核准：3899978 经办：1347888 交易流水号：056598654 交易机构：29663 借贷标识：CR

Re－checker　　Handler　　Transaction　　Transaction Institution　　CR/DR Flag

表 4 - 70

涉外收入申报表
REPORTING FORM FOR RECCEPTS FROM ABROAD

根据《国际收支统计申报办法》(1995 年 8 月 30 日经国务院批准),特制发本申报单。

The Reporting form is Distributed According to The Regulation on Reporting of Balance of Payments Statistics (Approved by The State Council on Aug. 30,1995)

国家外汇管理局和有关银行将为您的具体申报内容保密。

The State Administration of Foreign Exchange (The SAFE) and The Banks Concerned Would Keep What You Reported Confidential

请按填报说明(见第三联背面)填写。

Please Report According to The Instructions Overleaf.

制表机关:国家外汇管理局

Authority: The SAFE

申报号码 BOP Reporting No.	3706000001031011102N002		
收款人名称 Payee	星辉食品有限公司		
√ 对公 Unit	机构组织代码 Unit Code　　13342103 - 7		
□对私 Individual	个人身份证号码 ID Number.		
	□中国居民个人 Resident Individual □中国非居民个人 Non - Resident Individua		
结算方式 Payment Method	□信用证　□托收　□保函　√电汇　□票汇　□信汇　□其他 L/C　Collection　L/G　T/T　D/D　M/T　Others		
收入款币种及金额 Currency&Amount of Receipts	JPY/18480426.000	结汇汇率 Exchange Rate	
其中 Which	结汇金额 Amount of Sale		账号/银行卡号 Account No./Credit Card No.	
	现汇金额 Amount in FX	JPY/18480426.000	账号/银行卡号 Account No./Credit Card No.	
	其他金额 Amount of Others		账号/银行卡号 Account No./Credit Card No.	218053387829
国内银行扣费币种及金额 Bank's Charges inside China		国外银行扣费币种及金额 Bank's Charges outside China	
付款人名称 Payer	NICHIER INC.		
付款人常驻国家(地区)名称及代码 Country/Region of Payer &code	日本 392	申报日期 Reporting Date	2020.09.05
如果本笔款为预收货款或退款,请选择 If advance Receipts/ Refund ,Please Choose	□	预收货款 Advance Receipts　□	退款 Refund
本笔款是否为出口核销项下收汇		√是　□否	
如果本笔款项为外债提款,请填写外债编号			
交易编码 BOP Transaction	对应币种及金额 Currency &Amount	JPY/18480426.000 交易附言 Trasac. remark	一般贸易 出口货物
填报人签章 Signature or Stamp of Reporter		填报人电话 Phone No. of Reporter	6827930

收款人章
Stamp of Payee

银行经办人签章
Signature of Bank Teller

银行业务编号
Bank Transaction Ref. No.

第三联申报主体留存联

表4-71　　出口收汇核销专用联信息申报表(境外收入)

申报号码	3706000001031011102N002		
收款人名称	星辉食品有限公司		
□对公	机构组织代码　13342103-7		
□对私	个人身份证号码		
结算方式	□信用证 □托收 □保函 √电汇 □票汇 □信汇 □其他		
收入款币种及金额	JPY/18480426.000	结汇汇率	
其中	结汇金额		账号/银行卡号	
	现汇金额	JPY/18480426.000	账号/银行卡号	218053387829
	其他金额		账号/银行卡号	
国内银行扣费币种及金额		国外银行扣费币种及金额	
付款人名称	NICHIER INC.		
付款人常驻国家(地区)名称及代码	日本 392	收账/结汇日期	2020.09.05
本笔款为预收货款:	□预收货款		
交易编码	TI10110100012049	相应币种及金额	JPY/18480426.000
交易附言	一般贸易出口货物		

以上栏目的填写应与涉外收入申报内容一致
本笔款项为无追索权的出口保理融资项下收汇 □有余款 □余款金额:
出口收汇核销单号码:708990212
收汇总金额用于出口核销的金额
填报人签章　　　　　　　　　　　　　　　填报人电话682723　财务专用章

收款人章　　　　填报日期　　　　银行经办人签章　　　　银行业务编号

第二联　申报主体留存联

任务四　托收结算方式

【任务目标】

通过对托收结算方式的学习,能够正确填写托收委托书等结算凭证,办理托收手续,能够正确办理对外付款或承兑的业务处理。

【任务导入】

【例4-15】宏林木业有限公司法人代表任树明,出纳员魏小颖,制单员王芳。开户银行:中国银行解放路支行,账号805321387829,开户行地址:烟台市解放路96号。2020年12月,宏林木业有限公司发生如下经济业务:

1.8日,根据合同规定销售给美国路易斯公司(LOUIS INC.)货物一批,货款48 000美元,当日美元汇率为659.97,货物已装运上船,向银行办理跟单托收手续

（即期付款交单）。

2.16 日,收到银行转来的跟单托收付款交单凭证及全套货运单据,计货款 37500 美元,审核无误予以支付。

请问:如果你是该公司的出纳,需要办理哪些手续,如何进行账务处理?

【相关知识】

一、托收的含义

托收(Collection)是委托收款的简称,是出口人委托银行向进口人收款的一种结算方式。卖方发货后,将装运单证和汇票通过卖方的代理行送交进口商,进口商履行了付款条件,银行才交付单证。

银行在托收业务中只提供服务,不提供信用,货款能否收回取决于进口商的信誉,因此,托收属于商业信用。而且,由于货物已先期运出,一旦遭拒付,对出口人来说,存在极大的风险。因此我国出口商品很少使用这种结算方式,只有在推销或试销商品或商品已在国外又急于处理时才采用。

托收方式主要涉及四个当事人,即委托人(出口商)、托收行(出口地银行)、代收行(进口地银行)、付款人(进口商)。

二、托收的类型

托收结算方式根据是否随附货运单据分为光票托收(Clean Collection)、跟单托收(Documentary Collection)。

（一）光票托收(Clean Collection)

光票托收,是指委托收款人开立汇票后,不附带货运单据,仅凭汇票委托银行向付款人收款的一种托收结算方式。贸易上的光票托收,其货运单据由卖方直接寄交买方,汇票则委托银行托收。光票托收一般用于收取货款尾数、代垫费用、佣金、样品费或其他贸易从属费用。

（二）跟单托收(Documentary Collection)

国际贸易中大多采用跟单托收。跟单托收是出口商将汇票连同货运单据一起交给银行委托代收货款。跟单托收根据银行交单条件的不同可分为付款交单和承兑交单。

1.付款交单(Documents Against Payment,D/P)

付款交单是指出口商将汇票连同货运单据交给银行托收时,指示银行只有在进口人付清货款后才能交出货运单据。付款交单按照货款的支付时间不同可分为即期付款交单和远期付款交单两种。

（1）即期付款交单(D/P at sight)

进口人见票时立即付款,才能换取货运单据并凭以提货。

（2）远期付款交单（D/P after sight）

进口人见票时在远期汇票上承兑，待汇票到期时，进口人付款换取货运单据。远期付款交单方式使用较少，一般采用即期付款交单方式。

2. 承兑交单（Documents Against Acceptance, D/A）

是指被委托的代收银行以付款人的承兑为条件向付款人交单。即代收行向付款人提示远期汇票和单据时，付款人审核无误后签字承兑，代收行留下已承兑的汇票，将全部单据交给付款人，付款人在汇票到期时再履行付款义务。

承兑交单是指卖方的交单是以买方的承兑为条件的，在做法上，出口商按照买卖合同发运货物后开具远期汇票，连同货运单据，通过银行向进口商提示，进口商审核单据无误后在汇票上承兑，代收行在付款人对汇票承兑后就将货运单据交给付款人，付款人在汇票到期时再付款。对于出口商来说，承兑交单比付款交单的风险更大，因其在取得货款前就已经把包括物权凭证在内的单据交给了买方，到期时如果买方以各种理由推托拒不付款，出口商就有可能货款两空。

三、托收的结算程序

（一）光票托收的结算程序

首先由委托人填写托收申请，连同汇票一并交与托收行，托收行依据托收申请制作托收指示，一并航寄代收行。对即期汇票，代收行收到汇票后应立即向付款人提示付款，付款人如无拒付理由应立即付款，付款人付款后代收行将汇票交与付款人入账。对于远期汇票，代收行接到汇票后，应立即向付款人提示承兑，付款人如无拒绝承兑的理由，应立即承兑。承兑后，代收行持有承兑汇票，到期再作付款提示，此时付款人应付款。如遇付款人拒付，除非托收指示另有规定，代收行应在法定期限内做成拒绝证书，并及时将拒付情况通知托收行。光票托收的结算程序见图4-18所示。

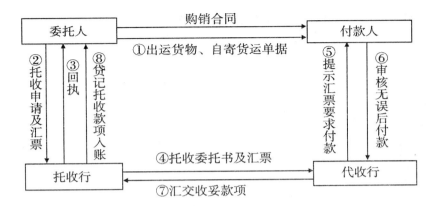

图 4 - 18　光票托收结算程序图

(二)跟单托收的结算程序

跟单托收与光票托收的程序基本相同。

1. 即期付款交单结算程序

买卖双方签订进出口合同,合同中规定以即期付款交单的方式结算货款。出口方(委托人)按合同规定装运货物后,填写托收申请书,开立即期汇票,连同货运单据交托收行,请求代收货款;托收行根据托收申请书缮制托收委托书,连同汇票、货运单据交进口地代收行委托代收货款;代收行按照委托书的指示向进口人提示即期汇票和单据,进口人审核无误付款后,代收行交单;代收行通知托收行款已收妥并办理转账,托收行收到款项后通知委托人。即期付款交单结算程序如图 4 - 19 所示。

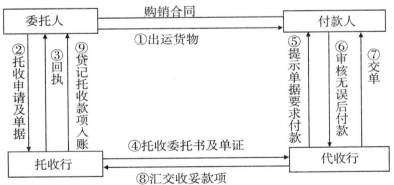

图 4 - 19　即期付款交单结算程序图

2. 承兑交单的结算程序

买卖双方签订进出口合同,合同中规定以承兑交单的方式结算货款。出口方(委托人)按合同规定装运货物后,填写托收申请书,开立远期汇票,连同货运单据交托收行,请求代收货款;托收行根据托收申请书缮制托收委托书,连同汇票、货运单据交进口地代收行委托代收货款;代收行按照委托书的指示向进口人提示远期汇票,进口人对远期汇票予以承兑并退回汇票,代收行交单,汇票到期日代收行再次向进口人提示要求其付款,进口人审核无误付款;代收行通知托收行款已收妥并办理转账,托收行收到款项后通知委托人。承兑交单结算程序如图4-20所示。

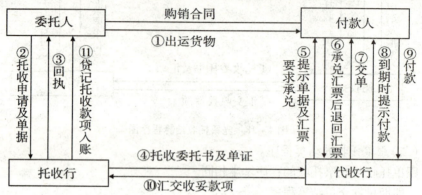

图4-20　承兑交单结算程序图

【任务实施】

1.根据合同规定,将销售给美国路易斯公司(LOUIS INC.)的货物办理报关手续并装运上船后,将销售合同、报关单及相关单据交开户银行,并填写一式三联的"客户交单联系单",委托开户行办理款项的托收。银行审核无误后,加盖银行业务章后退回单联。制单员据回单、销货发票(略)等,进行账务处理:

借:应收账款——路易斯公司　　　　　　　　　316785.60
　贷:主营业务收入　　　　　　　　　　　　　　　316785.60

表 4-72

客户交单联系单

致:中国银行

	兹随附下列出口单证一套,信用证业务请按国际商会现行《跟单信用证统一惯例》办理,跟单托收业务请按国际商会现行《托收统一规则》办理。

信用证	开证行:					信用证号:		
	信用证附 次修改		提单日期:		效期:		交单期限: 天	

<table>
<tr><td rowspan="3">无证托收</td><td colspan="8">付款人全名及详址:LOUIS INC., ZONE345678 RED ROAD NEW YORK</td></tr>
<tr><td colspan="8">代收行外文名称及详址(供参考):INDUSTRIAL BANK OF KOREA SEOUL, KOREA</td></tr>
<tr><td colspan="4">交单方式:(√)D/P ( )D/A</td><td colspan="4">付款期限:2020/12/20</td></tr>
</table>

| 发票编号:HP39809 | | | | 核销单编号:HP39809 | | | | | | 金额:USD48000.00 | | | |

<table>
<tr>
<td rowspan="2">单据</td>
<td>名称</td><td>汇票</td><td>发票</td><td>海关发票</td><td>装箱单/重量单</td><td>产地证</td><td>GPS FORMA</td><td>数量/质量/重量证</td><td>检验/分析证</td><td>出口许可证</td><td>保险单</td><td>运费单据钞</td><td>电费</td><td>受益人证明</td><td>船公司证明</td><td></td><td></td>
</tr>
<tr>
<td>份数</td><td></td><td>√</td><td>√</td><td>√</td><td></td><td></td><td></td><td></td><td>√</td><td></td><td>√</td><td></td><td></td><td>√</td><td></td><td></td>
</tr>
</table>

委办事项(打""者)

( )上述单据我司申请办理押汇;

( )上述单据系代理出口项下业务,收妥后请原币划_____

开户行:_____ 账号:_____

( )单据中有下列不符点:( )请向开证行寄单,我司承担一切责任;

( )请电询开证行同意后寄单;

( )请征询我公司意见;

( )

公司联系人:宋艺 联系电话:2123798 公司签章:

银行记录专栏	业务编号:		接单日期:		
	银行费用:	议付托收:	邮费:	电费:	
	费用由 承担		索汇方式:托收	寄单方式:	

审单记录:

银行经办:	银行复核:	
审单日期:2020/12/08	审单日期:	

2.16 日,收到银行转来的跟单托收付款交单凭证(表 4 – 73)及全套货运单据(略),审核无误予以支付,银行退回回单联。制单员据回单编制会计分录:

借:在途物资　　　　　　　　　　　247863.75
　　贷:银行存款　　　　　　　　　　　　247863.75

表 4 – 73　　　　　　对外付款/承兑:通知书

银行业务编号　　　　　　　　　　　　　　　　　日期:2020/12/16

结算方式	□信用证 □保函 ☑托收 □其他		信用证/保函编号	
来单币种及金额	USD37500.00		开证日期	
索汇币种及金额	USD37500.00		期限	到期日
来单行名称	CITY BANK of New York		来单行编号	
收款人名称	AN IRADING INC.			
收款行名称及地址	CITY BANK of New. York 55 Wall Street			
付款人名称	HONGLIN TIMBER CO. ,LTD.			
☑对公 组织机构代码 2357990999		□对私	个人身份证号码	
扣费币种及金额 USD37500.00			□中国居民个人　□中国非居民个人	
合同号	TY2020 – 12 – 98	发票号		
提运单号	TY2020 – 12 – 98	合同金额	USD37500.00	

银行附言:(略)

中国银行烟台分行解放路支行
2020.12.16
业务专用章

经办　　　　复核　　　　负责人　　　　银行业务章

任务五　信用证结算方式

【任务目标】

通过对信用证结算方式的学习,能够清楚地描述信用证的作用和基本流程,能够正确使用信用证办理款项结算。

【任务导入】

【例 4 – 16】长江电器进出口公司向日本出口电器一批,开户银行转来"信用证通知书",请问长江电器进出口公司的出纳需要进行如何处理?

第一联
到单通知银行/客户留存联

【相关知识】

一、信用证的含义

信用证(Letter of Credit,L/C)也称信用状,是指开证行应开证申请人的要求并按其指示,向第三者开立的载有一定金额,在一定期限内凭符合规定的单据付款的书面保证文件,也称跟单信用证。

二、信用证的当事人

信用证的基本当事人有三个:开证申请人、开证行、受益人。此外还有其他当事人:通知行、保兑行、议付行、付款行、偿付行和转让行等。

(一)基本当事人

1.开证申请人(Applicant)

开证申请人又称开证人(Opener),是指申请开证的人,一般指贸易合同的买方。它要在规定的时间内开证,交开证保证金并及时付款赎单。

2.开证行(Opening Bank,Issuing Bank)

开证行是指开立信用证的银行,一般是进口地银行。

3.受益人(Beneficiary)

受益人是指有权使用信用证的人,一般为贸易合同的卖方。

(二)其他当事人

1.通知行(Advising Bank;Notifying Bank)

通知行是指受开证行委托,将信用证传递(通知)给受益人的银行,一般是出口地银行。

2.议付行(Negotiating Bank)

议付行是指根据开证行的授权买入或贴现受益人提交的符合信用证规定的票据的银行。如遭拒付,它有权向受益人追索垫款。

3.付款行(Paying Bank;Drawee Bank)

付款行是指开证行的付款代理,代开证行验收单据,一旦验单付款后,付款行无权向受益人追索。

4.偿付行(Reimbursement Bank)

它也是开证行的付款代理,它不负责审单,只是代替开证行偿还议付行垫款的第三国银行。偿付行的付款不能视为开证行的付款。当开证行收到单据发现不符而拒绝付款时,仍可向索偿行(一般是议付行)追索。

5.保兑行(Confirming Bank)

保兑行是指应开证行请求在信用证上加具保兑的银行,具有与开证行相同的责任和地位。它对受益人独立负责,在付款或议付后,不论开证行发生什么变化,都不能向受益人追索。业务中通常由通知行兼任,也可由其他银行加具保兑。

6.转让行(Transferring Bank)

转让行是指应受益人的委托,将信用证转让给信用证的受让人即第二受益人的银行。一般为通知行、议付行、付款行或保兑行。

三、信用证的基本特点

(一)开证行负首要的付款责任。信用证是一种由开证行以自己的信用作出付款保证的银行信用,即使开证申请人、受益人未能履行合同规定的应尽义务,只要受益人提交的单据符合信用证条款的要求,开证行就必须付款,这种付款是第一性的、无追索权的付款责任。

(二)信用证是一项独立的文件,并不依附于贸易合同。一经开出信用证,就成为独立于买卖合同之外的一种契约,开证银行只按信用证的条款办事,不受买卖合同的约束,所以具有独立性。

(三)在信用证业务中,各方处理的是单据,而不是与单据有关的货物或服务。单据处理时要严格符合信用证规定的"单证一致"和"单单一致"原则。

四、信用证的作用

信用证是国际贸易中流行较广的一种支付方式,起着保证和资金融通的作用。国际贸易的双方往往隔着千山万水,彼此之间不了解,进口商希望出口商能按时交货,在付款时检查一下货物是否与合同一致,最好在货物转售以后再付款,并在此阶段得到银行的资金融通。出口商则希望在货物出运前能得到银行的融资,出运后能保证及时得到货款。信用证是银行信用,开证行负第一性的付款责任,而且付款的履行是有条件的,它保证了进出口双方的货款和代表货权的单据都不致落空,同时又使双方在资金融通上得到便利,从而有利于国际贸易的发展。

对各当事人来说,信用证有以下作用:

(一)对进口商来说

1.通过信用证获得资金融通,避免积压流动资金。

进口商采用信用证付款,在申请开证时只需要交一定比例的保证金,在进口商有抵押担保的情况下,还可以凭开证行授予的信用额度开证,避免流动资金的大量积压;当申请人流动资金紧张时,可以凭信托收据,以信用证项下货物作抵押向银行叙做进口押汇业务,获得融通。

2.通过信用证条款控制货物的装运时间和数量、质量等。

进口商通过信用证条款,可以控制出口商的装货日期,满足货物销售的要求;通过检验条款,保证货物在装船前的质量、数量,使进口商所收到的货物在最大程度上与合同规定一致。

（二）对出口商来说

1.信用证是可靠的收汇保证,是出口货物权利的保障。

一个资信良好的银行开出来的不可撤销信用证,又没有受益人不可控的软条款,对受益人的出口安全收汇是可靠的保障。只要受益人按照信用证的规定提交符合信用证条款的单据,开证行就必须履行第一性的付款责任。即使开证行因为种种原因不能付款或拒绝付款,国际惯例规定开证行有责任把代表货权的出口单据退给出口商。出口商虽然收不到货款,但货物仍在自己手中,可以把损失减少到最低。

2.通过信用证获得贸易融资,加速资金周转。

出口商在收到资信良好的银行的信用证后,可以在货物出运前向他的往来银行申请打包贷款,用于该证项下购买原料、加工制作等;货物出运后,只要将符合信用证条款的单据交到信用证指定银行,即可由该行议付单据,即期取得货款,这样可以增加保障,加速资金周转。

（三）对开证行来说

开证行开证是将银行信用借给进口商,不占用自身资金,同时贷出的信用是有保证金或抵押担保条件保障的,安全可靠;当开证行履行付款责任后,即使进口商违约不付款赎单,开证行还有出口商交来的代表货权凭证的货运单据,开证行有权处理货物,以抵补欠款。如果出售的货物不足以抵偿,开证行仍有权向进口商追偿其不足部分。所以,开证行的开证是在风险可控的前提下,获得手续费、贸易融资利润等收益。由于风险可控,利润可观,还能带来存款等,所以开立信用证现已成为各家银行争揽的业务品种,日益成为银行的利润增长点。

（四）对出口地银行来说

因为有开证行的保证,出口地银行非常希望出口商来叙做信用证项下交单议付、收妥结汇业务,因为这时的出口地银行只要尽到合理谨慎的审单责任,就能得到开证行的付款,没有任何风险,还能赚到中间业务收益。

但国际贸易中的信用证结算方式,只是相对的完善,它不可能解决所有的风险。如合同签订后,出口商有可能遭到进口商不开证或不如期开证的风险;可能遭到开证行信誉不佳,与申请人串通一气,借口单证不符,无理拒付的风险;还有可能遭到开证行倒闭的风险。进口商可能遭到出口商不交货,或以坏货、假货、假单据进行欺诈的风险。开证行可能遭到进口商倒闭或无理挑剔、拒付单据的风险。出口地银行可能遭到开证行倒闭或无理拒付单据的风险。另外,信用证的手续比托收烦琐,为使单证相符,还需要进行技术性较强的严格审单,手续繁多,不仅费时,而且开证、通知、议付等每一个环节都要发生费用,增加业务成本。但无论如何,在目前情况下,信用证由于银行居间,因银行信用代替商业信用,对进出口商来说,利大于弊,仍然是最受欢迎的一种支付方式。

五、信用证的基本内容

世界各国的信用证的格式和内容虽然有所不同,但其基本上具有下列的各项内容:

1. 开证行名称、地址和开证日期。

2. 信用证的性质和号码。

3. 开证申请人名称。

4. 受益人名称、通知行名称和地址。

5. 信用证的最高金额和采用的货币。

6. 开证的依据。

7. 信用证的有效日期和到期地点。有效日期是银行承担信用证付款的期限。出口商交单的时间如果超过了规定的有效期限,银行可因信用证逾期而解除其付款责任。到期地点是指在哪个国家及地区到期。

8. 汇票和单据条款。受益人(出口商)应凭汇票取款,信用证应列明汇票的付款人、汇票是即期还是远期,以及汇票应附的单据、单据的份数以及单据所列商品的名称、品质、数量、单价、金额、包装等。

9. 商品装运条款。它包括装运港、目的港、装运期限、运输方式、能否分批装运和转运等。

10. 保证责任条款。它是开证行确定履行付款责任的依据。

六、信用证的分类

(一)根据是否依附有货运单据,信用证可分为跟单信用证和光票信用证。

跟单信用证(Documentary Credit)必须附有提货单、保险单等代表产权的单据,或者铁路运单、邮电收据等证明货物已发运的单据;光票信用证(Clean Credit)是指不附单据的信用证。

(二)根据开户银行所负责任不同,信用证可分为可撤销信用证和不可撤销信用证。

可撤销信用证(Revocable L/C)是指开证银行对所开信用证不必征得受益人或有关当事人的同意,有权随时撤销或修改的信用证;不可撤销信用证(Irrevocable Credit)是指信用证开出后,在有效期内未经卖方及其有关当事人同意,开证行不得修改或撤销的信用证。

按照《跟单信用证统一惯例》(第600号出版物)第3条C款的规定:"信用证是不可撤销的,即使信用证中对此未作指示也是如此。"

(三)根据有无第三者加以保证兑付,信用证可分为保兑信用证和不保兑信用证。

保兑信用证(Confirmed Letter of Credit)是指开证行开出的信用证,由另一银行保证对符合信用证条款规定的单据履行付款义务的信用证;不保兑信用证(Unconfirmed Letter of Credit)是未经另一家银行加保的信用证。不保兑信用证一般由资信较高的银行开出。

(四)根据付款时间不同,信用证可分为即期信用证和远期信用证。

即期信用证(Sight Credit)是指开证银行或付款银行收到符合信用证条款的汇票和单据时立即履行付款义务的信用证;远期信用证(Usance L/C),是指开证行或付款行收到符合信用证条款的汇票和单据时,不立即付款,而是等到信用证规定的到期时间才履行付款义务的信用证。

(五)根据受益人对信用证的权利是否可转让,信用证分为可转让信用证和不可转让信用证。

可转让信用证(Transferable Credit)是指信用证的受益人可以将信用证的部分或全部转让给第三者的信用证;开证行在信用证中要明确注明"可转让"(transferable),且只能转让一次。不可转让信用证(Untransferable Credit)是指信用证的受益人不能将信用证的权益转让给第三者的信用证。凡未注明可转让字样的信用证,都为不可转让信用证。

(六)循环信用证(Revolving L/C),是指信用证在一定时间全部或部分利用规定金额后,其使用金额和权利能够恢复到原金额,可再次使用,直至达到规定的次数或规定的总金额为止。它与一般信用证的根本区别在于:一般信用证在全部使用后即告失效,而循环信用证可多次循环使用,直到规定的循环次数届满或规定的总金额用完为止。

七、信用证结算方式的基本程序

一笔信用证业务,一般要经过五个步骤:

1. 进口商向进口国银行申请开立信用证

买卖双方先签订贸易合同,进口商根据贸易合同的规定和要求向银行申请开立信用证。

2. 进口国银行开立信用证

开证行根据申请书的内容,开立以出口商为受益人的信用证,并及时寄给出口国的代理行(统称通知行),要求该行通知或转递信用证给出口商;开证行如委托第三国银行代为付款,须将信用证副本寄给付款行一份,以便核对单据。

3. 出口国银行通知、转递或保兑信用证

出口国银行收到开证行开来的信用证后,将信用证原本或副本一份通知或转递给出口商。受益人收到信用证后,如果感觉开证行资力不足,可以要求开证行找一家他所熟悉的银行进行保兑。

有时开证行在委托通知信用证时,也会主动要求通知行对信用证加具保兑。保兑行对受益人负责,承担对出口单据付款的义务。

4. 出口国银行议付及索汇

出口商收到信用证后,经与贸易合同核对无误后,按信用证规定装运货物,并备齐各项货运单据,签发以开证行为付款人的汇票,并在信用证有效期内向银行请求议付。议付行根据"单证一致"的原则对出口商交来的单据认真审核,无误后即按照汇票金额扣除利息和手续费后,把货款垫付给出口商。

议付行将汇票和货运单据寄给开证行(或其指定的付款行),进行索汇。开证行收到议付行交来的单据,与信用证条款核对,如果单证一致,应将票款偿还给议付行。若单据不符要求,开证行应立即拒付退单,否则即作为默认接受。

5. 进口商赎单提货

开证行将货款偿付给议付行后,通知进口商备款赎单(进口商若发现单证不符,可拒绝赎单),赎单后,进口商凭单据向轮运公司提货。

进口商提货后发现货物与合同规定不符,不能与开证行交涉,只能根据责任向有关当事人如出口商、轮运公司、保险公司等索赔。

【任务实施】

长江电器的出纳收到开户银行转来"信用证通知书",应通知业务部门,业务部办理货物报关出口手续后,将全套单证及"信用证通知书",送交开户行办理款项的收取。银行收取款项后,通知企业申报收入,银行审核无误后将款项划入企业外汇户。

任务六　外币日记账的设置和登记

【任务目标】

通过对外币日记账的设置和登记的学习,能够正确设置复币式日记账,能够根据记账凭证正确登记复币式日记账。

【任务导入】

【例4-17】中美合营烟台万成有限公司以人民币为记账本位币,采用基本外汇记账方法处理外汇收支业务,以当日中间牌价为记账汇率。该公司2020年3月底的外币银行存款日记账余额为:中行美元户,USD50000,账面汇率6.50,人民币金额325000元;中行港元户,HKD200000,账面汇率0.80,人民币金额160000元。

2020年4月1日,有关外币银行存款业务的记账凭证如下:

表 4 - 74

记 账 凭 证(外币)　　　　　　第 1 号

2020 年 4 月 1 日　　　　　　外币名称:美元

摘　要	总账科目	明细科目	外币金额	汇率	借方金额	贷方金额	记账
提款发薪	管理费用	外籍职员工资			12800.00		
	银行存款	中行(美元户)	2000.00	6.40		12800.00	
合　　计					12800.00	12800.00	

核准:　　　　　复核:万卫东　　记账:　　　　　制单:孙小兰

表 4 - 75

记 账 凭 证(外币)　　　　　　第 2 号

2020 年 4 月 1 日　　　　　　外币名称:美元

摘　要	总账科目	明细科目	外币金额	汇率	借方金额	贷方金额	记账
收回销货款	银行存款	中行(美元户)	5850.00	6.40	37440.00		
	应收账款	甲公司(美元户)	5850.00	6.40		37440.00	
合　　计					37440.00	37440.00	

核准:　　　　　复核:万卫东　　记账:　　　　　制单:孙小兰

表 4 - 76

记 账 凭 证(外币)　　　　　　第 3 号

2020 年 4 月 1 日　　　　　　外币名称:港元

摘　要	总账科目	明细科目	外币金额	汇率	借方金额	贷方金额	记账
进口材料	原材料				95940.00		
	银行存款	中行(港元户)	117000.00	0.82		95940.00	
合　　计					95940.00	95940.00	

核准:　　　　　复核:万卫东　　记账:　　　　　制单:孙小兰

附单据 2 张

附单据 1 张

附单据 3 张

表 4 - 77　　　　　　　　　记 账 凭 证(外币)　　　　　　　第 4 号

2020 年 4 月 1 日　　　　　　　　外币名称:港元

摘　要	总账科目	明细科目	外币金额	汇率	借方金额	贷方金额	记账
进口材料	原材料				43173.00		
	银行存款	中行(港元户)	52650.00	0.82		43173.00	
合　　计					43173.00	43173.00	

附单据3张

核准:　　　　　复核:万卫东　　　　记账:　　　　　制单:孙小兰

请问:如果你是该公司的出纳,需要如何登记外币银行存款日记账?

【相关知识】

一、外币账户的设置

对从事进出口业务的涉外企业来说,为反映企业进出口业务的收入、支出和结余,在进行会计核算时要设置记录有关外汇收支的"复币式"结构的账户,在"复币式"账户中要同时反映外币金额、汇率和人民币金额。

"复币式"账户要求在按外币原币金额登记账户的同时,还要将外币折算为人民币登记入账,外币折算成人民币时可采用业务发生时的汇率(原则上用中间价),为简化核算,也可采用业务发生当月月初的汇率作为折合汇率。每月终了时,企业应将各种外币账户的月末余额按月末国家外汇牌价折合为记账本位币金额,与账面记账本位币金额相比较,两者的差额即为汇兑损益,计入当期损益,并据此调整各外币账户的记账本位币账面金额。

"复币式"账户结构见表 4 - 78 所示:

表 4 - 78　　　　　　银 行 存 款 日 记 账(外币)

开户银行:_____　　账号:_____　　外币名称:_____

月	日	凭证编号	摘　要	借　方			贷　方			余　额		
				外币	汇率	本币	外币	汇率	本币	外币	汇率	本币

二、外汇收支业务的核算方法

外汇收支业务核算的方法主要有两种:一种是基本外汇记账方法(也称统账法),一种是不同货币分别记账方法(也称分账法)。

基本外汇记账方法是以国家汇率为依据,将日常外汇收支业务中发生的外币收支按当期牌价记账。月份终了后将外币账户折合为按月末牌价计算的本位币金额,计算金额与账面金额之间的差额作为"汇兑损益"计入当期损益。我国除了有外币业务的金融企业外,其他企业一般都采用这种方法。

不同货币分别记账法就是采用不同货币分别记账的方法,月终汇总后,一次按月末汇率将外币折算为本位币。有外币业务的金融企业采用这种方法。

【任务实施】

2020年4月1日,烟台万成有限公司出纳根据有关外币银行存款业务的记账凭证登记银行存款日记账(见表4-79、表4-80)。

表4-79　　　　　　　银 行 存 款 日 记 账(外币)

开户银行:中国银行北马路分理处　　　账号:55472900　　　　　　外币名称:美元

2020年		凭证编号	摘　要	借　方			贷　方			余　额		
月	日			外币	汇率	本币	外币	汇率	本币	外币	汇率	本币
4	1		期初余额							50000	6.50	325000
	1	001	提款发薪				20000	6.40	128000	30000		197000
	1	002	收回销货款	5850	6.40	37440				35850		234440

表4-80　　　　　　　银 行 存 款 日 记 账(外币)

开户银行:中国银行北马路分理处　　　账号:55367800　　　　　　外币名称:港元

2020年		凭证编号	摘　要	借　方			贷　方			余　额		
月	日			外币	汇率	本币	外币	汇率	本币	外币	汇率	本币
4	1		期初余额							200000	0.80	160000
	1	003	进口材料				117000	0.82	95940	83000		64060
	1	004	进口材料				52650	0.82	43173	30350		20887

国际结算部分小结

国际结算是指在国际间办理货币收付以清偿国际间债权债务的活动,对于我国来说,一般使用外汇结算。外汇主要是指以外币表示的各种支付凭证,买卖外汇有买入价和卖出价之分。办理国际结算有不同的结算方式,目前我国普遍使用的国际结算方式有汇付、托收、信用证等。汇付结算方式是汇款人委托银行,将款项汇给收款人,由于所使用的结算工具不同,有电汇、信汇、票汇之分。其中,电汇所使用的SWIFT通讯方式具有传递速度快、操作方便等特点,是最常使用的汇付方式。常用的托收方式为跟单托收,出口商在货物出运后开具汇票连同货运单据委托银行向进口商收款,又分为付款交单和承兑交单两种方式。对出口人来说,承兑交单由于风险较大,使用时应慎重;但承兑交单对进口商却很有利,因此出口商可采用托收方式作为推销库存的手段。信用证是一种银行信用,是开证行根据申请人的请求和指示,向受益人开立的在一定金额和一定期限内凭规定的单据承诺付款的凭证,信用证既有利于卖方取得货款,又有利于买方及时提货,是国际结算中最常用的一种支付方式。进出口商可以根据实际情况灵活选用各种结算方式。

思考与讨论

思考题

1. "对卖方来说,汇付是最安全的一种收汇方式",这种认识正确吗？为什么？

2. 在出口业务中,采用跟单托收方式通常应注意哪些问题？

3. 综合比较汇付、托收、信用证三种支付方式,试分析在实际业务中,如何正确选择使用结算方式？

个案分析

国内 A 公司出口一批毛衣到英国 B 公司,价值 20 万美元,付款方式为D/P at sight,委托国内 C 银行为托收行,英国 D 银行为代收行。单据寄出后不久,代收行来电称客户要求以房产做担保提货。C 银行将此情况通知 A 公司,A 公司由于平常国际贸易量较小,对此不是很了解,又考虑到与 B 公司有比较长的良好的业务往来,认为此单据可以先给 B 公司,再通过汇款的方式付款即可,于是 A 公司便要求 C 银行通知 D 银行无偿交单。C 银行再三提醒,但 A 公司一再坚持,C 银行只得通知 D 银行放单,但并未明确表示 A 公司坚持无偿放单。此后,C 银行收到 D 银行来电,称买卖双方已经达成协议,三个月后,按月息千分之四算,本息一起付。

三个月后,B 公司的境遇发生了很大变化,濒临破产,A 公司连忙请 C 银行催收货款。D 银行称,只有 C 银行寄回 B 公司承兑了的汇票才能付款。C 银行回电称根本没有收到汇票。D 银行却坚持没有汇票不能付款。此时,A 公司异常焦急,才明白 D/P 与汇款的重大区别,请求 C 银行积极协助讨回货款,C 银行通过多方面的途径了解到,由于当时并未明确通知 D 银行无偿放单,而 B 公司是以厂房做了抵押,凭 D 银行的担保才提货的,于是在电报中陈述上述事实,要求 D 银行付款,在多次交涉后,D 银行终于连本带息汇来货款。

请问:本案应吸取的教训是什么?

项目四　技能训练(国际部分)

一、外汇牌价应用的技能训练

2012年3月16日中国工商银行外汇牌价如下图所示(资料来源:东方财富网)。

中间银行外汇牌价	农业银行外汇牌价	工商银行外汇牌价	建设银行外汇牌价	交通银行外汇牌价	招商银行外汇牌价

货币名称	交易单位	中间价	现汇买入价	现钞买入价	现汇卖出价	发布时间
美元(USD)	100	632.32	630.93	625.87	633.46	2012-03-16 14:35:39
港币(HKD)	100	31.46	81.28	80.63	81.61	2012-03-16 14:35:39
日元(JPY)	100	7.5745	7.5427	7.3003	7.6033	2012-03-16 14:35:39
欧元(EUR)	100	827.90	824.42	797.93	831.05	2012-03-16 14:35:39
英镑(GBP)	100	993.88	989.71	957.90	997.66	2012-03-16 14:35:39
瑞士法郎(CHF)	100	685.74	682.86	660.92	688.35	2012-03-16 14:35:39
加拿大元(CAD)	100	637.03	634.35	613.97	639.45	2012-03-16 14:35:39
澳大利亚元(AUD)	100	666.34	663.54	642.22	668.87	2012-03-16 14:35:39
新加坡元(SGD)	100	501.68	499.57	483.52	503.59	2012-03-16 14:35:39
丹麦克朗(DKK)	100	111.34	110.87	107.31	111.76	2012-03-16 14:35:39
挪威克朗(NOK)	100	109.47	109.01	105.51	109.89	2012-03-16 14:35:39
瑞典克朗(SEK)	100	93.08	92.69	89.71	93.43	2012-03-16 14:35:39
澳门元(MOP)	100	79.41	79.24	78.60	79.55	2012-03-16 14:35:39

请根据图中公布的外汇牌价完成以下任务:

1.你的好朋友李明要去欧洲旅游,从银行购买1000欧元现钞,要付多少人民币?

2.王林回国,手中有300英镑现钞,暂时没有出国计划,能换多少人民币?

3.某外贸公司有150万美元外汇收入,办理结汇,有多少人民币入账?

4.某外贸公司从国外进口化工原料,货值3600万港币,若要备款公司需准备多少人民币?

5.某公司产品主要内销,内销价30元人民币。某日,一香港客商询价,要求报港币价,该报多少?

6. 某公司要从国外进口设备,询价结果是:美国公司报价 2500 美元,德国公司报价 1980 欧元,该接受哪个报价?

二、汇付和托收技能训练

烟台同升有限公司法人代表孙成君,出纳员王军,制单员李文。开户行:中信银行烟台分行,开户行地址:烟台市芝罘区北大街 19 号,账号:737384518360000239。

2020 年 8 月,发生如下业务:

1.6 日,经批准采用电汇方式,支付德国某商品博览会展览桌椅费支出 1000.00 欧元,当日卖出价 923.49。

表 4－81

境外汇款申请书
APPLICATION FOR FUNDS TRANSFERS（OVERSEAS）

日期 2020/08/06
Date

☑电汇 T/T 票汇 D/D 信汇 M/T	发电等级	☑普通 NOMAL □加急 Urgent

申报号码 BOP Reporting No.	370600001743010A002		
银行业务编号 Bank Transac. Ref. No	YAN0019578	收电行/付款行 Receiver/Drawn on	
32 汇款币种及金额 Currency&interbank. Settlement. Amont	EUR1000.00	金额大写 Amount in words	欧元壹仟元整
其中	现汇金额 Amount in FX	EUR1000.00	账号 Account no. /Credit Card No.	73738451836000 0239
	购汇金额 Amount of purchase		账号 Account no. /Credit Card No.	
	其他金额 Amount of others		账号 Account no. /Credit Card No.	

50a 汇款人名称及地址 Remitter's Name &address	烟台同升有限公司		个人身份证件号码 individual ID NO.
☑对公 组织机构代码 Unit code	76560927 – 7	对私	□中国居民个人 □中国非居民个人

54/56A 收款银行之代理行 名称及地址 Correspondent of beneficiary's Bank Name &Address	
57a 收款人开户银行 名称及地址 Beneficiary's bank name &Address	收款人开户银行在其代理行账号 Bene's Bank A/C No.94788 Frankfurter Sparkasse 1756
59a 收款人名称及地址 Beneficiary's name &Address	收款人账号 Bene's A/ C IBAN DE87 5145 0385 Messe Frankfurt

70 汇款附言 Remittance Information	只限 140 个字位 Not exceeding 140 characters SWIFT CODE：	71A 国内外费用承担 All bank's charges if any are to be borne by □汇款人 our□收款人 ben□共同 sha

收款人常驻国家(地区)名称及代码 Resident country/region name &code 德国 776		
请选择：□预付货款 Advance Payment□货到货款 Payment AgainstDelivery □退款 Refund□其他 Others		最迟装运日期
交易编码 BO P. 101010 Transac Code □□□□□□	相应币种及金额 Currency&Amount EUR1000.00	交易附言 Transac. remark 展览桌椅费支出
是否为进口核销项下付款 □是 ☑否	合同号 54876	发票号

外汇局批件/登记表号		报关单经营单位代码	
报关单号	报关单币种及总金额		本次核注金额
报关单号	报关单币种及总金额		本次核注金额

银行专用栏 For Bank Use Only		申请人签章 Appllicant's Signature	银行签章 Bank's Signature
购汇汇率 Rate		请按照贵行背页所列条款代办以上汇款并进行申报 Please Effect The Upmittance , Subject To The Conditions Overleaf	
等值人民币 RMB Equivalent			
手续费 Commission	￥50.00		
电报费 Cable Charges	￥150.00	申请人姓名 Name of Applicant	核准人签字 Authorized Signatu 日期 Date 转讫 2020.08.06
合 计 Total Charges	￥200.00		
支付费用方式 In Payment. of The Remittance	□现金 by Cash □支票 by Check ☑账户 for Accounth	电话:6827930 Phone No.	
核印 Sig. Ver		经办 Maker	复核 Checker

— 211 —

2.15 日,接银行通知,收到意大利客商 WASA SRL Inc. 的货款 29030.00 欧元,当日买入价为 921.55。

表 4-82　　　　　　　中信银行贷记通知

业务编号:26A00IT1200888　　　　　　　　　　日期:2020-08-15

公司名称	烟台同升有限公司	账号	737384518360000239
币种及金额	欧元贰万玖仟零叁拾元整	金额(小写)	
		EUR29030.00	

费用明细:
　　无兑换费:0.00　　　　　　海外费用:0.00
　　支出金额:0.00
　　实际收汇金额:EUR29030.00
摘要:汇款人:WASA SRL Inc.
　　申报号码:37060000601120815N56　　　起息日:2011-08-15
　　核销单号:
付款信息

3.22 日,接银行通知,收到托收货款 24000.00 美元(原账面金额 153780.00元),当日买入价 639.00。

表 4-83　　　　　　　中信银行贷记通知

业务编号:26A00OC12032-S1　　　　　　　　　日期:2020-08-22

公司名称	烟台同升有限公司	账号	737384518360000239
币种及金额	美元贰万肆仟元整	金额(小写)	
		USD24000.00	

费用明细:发票号 IH110408　　　　　　发票金额:USD24047.00
　　电报费:USD 0.00　　邮费:USD35.00　　无兑换费:USD0.00
　　托收费:USD12.00　　其他费:USD0.00　　费用合计:USD47.00
摘要:
　　申报号码:37060000601120822N56　　实际收汇金额:USD24000.00
　　入账金额:USD24000.00
　　核销单号:　　　　　　　　　　　　划转金额:USD0.00

项目五　出纳工作其他技能

【学习目标】

通过对本项目的学习和训练,使学生了解出纳工作应具备的基本技能和有关规定,能够准确、熟练地进行票币整点、珠算运算、小键盘录入和出纳机具的使用,为做好出纳工作打下良好的基础。

【重点难点】

1. 票币整点和人民币真伪的鉴别;

2. 珠算加减乘除运算;

3. 小键盘和传票算技能;

4. 出纳机具的使用技能。

任务一　票币整点技能

【任务目标】

通过学习和训练,使学生了解票币整点方法与人民币真伪的鉴别技能,能够利用一定的点钞方法准确、熟练地进行票币整点和鉴别人民币真伪。

【任务导入】

【例5-1】2020年11月1日烟台万兴有限公司出纳员张红收到销售部门上交的面额为100元的现金销售款115,600元。

请问:如果你是该单位的出纳员应如何进行处理?

【相关知识】

一、票币整点的基本理论

票币整点是指票币的整理和清点。它是从事出纳岗位工作人员必须具备的基本技能。在人民币的收付和整点过程中,按照"拆把→清点→扎把→盖章"的程序把混乱不齐、折损不一的钞票进行整理,使之整齐美观。

(一)票币整点的基本要求

1. 将票币平铺整齐,券面同向,按券别分放。

2. 发现可疑票币要进行真伪鉴别,去伪存真;发现残币要予以剔除,做到完残分放。

3. 对已清点的票币百张扎一把,十把打一捆,要扎紧捆牢,经办盖章。

4. 清点结账,及时复核入库。

(二)票币整点的操作要求

1. 坐姿。点钞时身体要坐端正,应该是直腰挺胸,身体自然,肌肉放松,双肘自然放在桌上,持票的左手腕部接触桌面,右手腕部稍抬起。

2. 点数。清点和记数的准确是点钞的基本要求。要做到精神集中,手点、脑记,手、眼、脑紧密配合,并要经过复点。

3. 墩齐。钞票点好后,必须墩齐才能扎把,做到四条边水平、不露头、卷角拉平为准。

4. 扎紧。扎小把,以提起把中第一张钞票不被抽出为准。按"#"字形捆扎的大捆,以用力推不变形,抽不出票把为准。

5. 盖章。每个人整点后都要盖章以示责任,图章要清晰可辨。

二、票币整点的类型与方法

(一)票币整点的类型

1. 整点纸币

纸币清点的方法可以划分为手工点钞和机器点钞两大类。对于手工点钞,根据持票姿势不同,又可划分为手持式点钞方法和手按式点钞方法。

手按式点钞方法,是将钞票放在台面上操作;手持式点钞法是将钞券拿在手上进行清点的点钞方法。手持式点钞方法一般有手持式单指单张点钞、手持式单指多张点钞、手持式四指拨动点钞和手持式五指拨动点钞等多种方法。

2. 整点硬币

在没有工具之前,硬币全部用手工清点,这是清点硬币的一种基本方法,它不受客观条件的限制,只要熟练掌握,在工作中与工具清点速度相差不大。

(二)手持式纸币整点的方法

纸币在清点之前要进行整理。就是现金出纳人员在清点前应先按券别将钞票分类,同时剔出残损币,并将断裂币用纸条粘好,然后按完整币和残损币分别进行清点。若有可疑币还要进行真伪鉴别。

1. 单指单张点钞法

单指单张点钞法是指用一个手指一次点一张的方法。这种方法是点钞中最基本也是最常用的一种方法,使用范围较广,频率较高,适用于收款、付款和整点各种新旧大小钞票。这种方法由于持票面小,能看到票面的四分之三,容易发现假钞票

及残破票,缺点是点一张记一个数,比较费力。其操作要领:

（1）拆把与持票。左手横执钞票正面朝向身体,中指和无名指夹住票面的左下角,拇指在里侧上边处,中指稍用力使钞票放倒在桌面上。钞票的左上角翘起成瓦形,同时食指伸直,勾住捆钱条上半部,用力勾断,再用拇指翻捻钞票成微开的扇面形,右手拇指、食指、中指蘸水作点钞准备。

（2）清点。左手持钞并形成瓦形后,右手食指托住钞票背面右上角,用拇指尖逐张向下轻轻捻动钞票右上角,捻动幅度要小,不要抬得过高。食指在钞票背面的右端配合拇指捻动,左手拇指按捏钞票不要过紧,要配合右手起自然助推的作用。右手的无名指将捻起的钞票向怀里弹,要注意轻点快弹。

（3）记数。记数要与清点同时进行。在清点速度快的情况下,往往由于记数迟缓而影响点钞的效率,因此记数应该采用分组记数法。把10作1记,即1、2、3、4、5、6、7、8、9、1（即10）,1、2、3、4、5、6、7、8、9、2（即20）,以此类推,数到1、2、3、4、5、6、7、8、9、10（即100）。采用这种记数法记数既简单又好记。但记数时要默记,不要念出声,做到脑、眼、手密切配合,既准又快。如图5-1所示。

 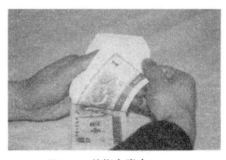

图5-1　单指单张点　　　　　图5-2　单指多张点

2.单指多张点钞法

单指多张点钞法是指用一个指头同时点两张或两张以上的方法。它适用于收款、付款和各种券别的整点工作。点钞时记数简单省力,效率高,但假钞和残破票不易发现。其操作要领是除了记数和清点外,其他与单指单张点钞法相同。

（1）持票。持票方法与单指单张点钞法相同。

（2）清点。清点时右手食指放在钞票背面右上角,拇指肚放在正面右上角,拇指尖超出票面,用拇指肚先捻钞。单指双张点钞法,拇指肚先捻第一张,拇指尖捻第二张。单指多张点钞法,拇指用力要均衡,捻的幅度不要太大,食指、中指在票后面配合捻动,拇指捻张,无名指向怀里弹。在右手拇指往下捻动的同时,左手拇指稍抬,使票面拱起,从侧边分层错开,便于看清张数,左手拇指往下拨钞票,右手拇指抬起让钞票下落,左手拇指在拨钞的同时下按其余钞票,左右两手拇指一起一落协调动作,如此循环,直至点完。

（3）记数。采用分组记数法。如:点双数,两张为一组记一个数,50组就是

100 张。如点 3 张,即以 3 张为组记数,每捻 3 张记一个数,33 组余 1 张就是 100 张,以此类推。如图 5 - 2 所示。

3. 多指多张点钞法

多指多张点钞法是指用多个手指依次点钞的方法,有四指四张、五指五张两种方法。如以四指四张点钞法为例,点钞时用小指、无名指、中指、食指依次捻下一张钞票,一次可以清点四张钞票。这种点钞法适用于收款、付款和整点工作,不仅省力、省脑,而且效率高,能够逐张识别假钞票和挑剔残破钞票。其操作要领:

(1)持票。用左手持钞,中指在前,食指、无名指、小指在后,将钞票夹紧,四指同时弯曲将钞票轻压成瓦形,拇指在钞票的右上外角,将钞票推成小扇面,然后手腕向里转,使钞票的右里角抬起,右手五指准备清点。如图 5 - 3 所示。

(2)清点。右手腕抬起,拇指贴在钞票的右里角,其余四指同时弯曲并拢,从小指开始每指捻动一张钞票,依次下滑四个手指,每一次下滑动作捻下四张钞票,循环操作,直至点完 100 张。如图 5 - 4 所示。

(3)记数。采用分组记数法。每次点四张为一组,记满 25 组为 100 张。

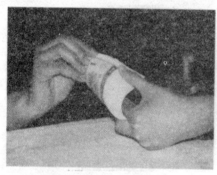
图 5-3　四指四张持币

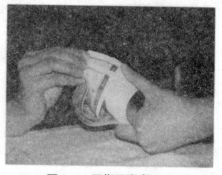
图 5-4　四指四张点

4. 扇面式点钞法

扇面式点钞法是把钞票捻成扇面状进行清点的方法。这种方法速度快,是手工点钞中效率最高的一种,只适合清点新票币。其操作要领:

(1)持钞。钞票竖拿,左手拇指在票前下部中间票面约四分之一处,食指、中指在票后同拇指一起捏住钞票,无名指和小指弯曲靠向手心。右手拇指在左手拇指的上端,用虎口从右侧卡住钞票成瓦形,食指、中指、无名指、小指均横在钞票背面,做开扇准备。

(2)开扇。开扇是扇面点钞的一个重要环节,扇面要开的均匀,为点数打好基础,其方法是:

将压弯的钞票向左上方推起(左手拇指此时应配合右手动作),食指、中指向右捻动,这样反复操作,右手拇指逐渐由中部向下移动,移至右下角时即可将钞票推成扇形面,然后双手持票,将不均匀的地方抖开。

打扇面时,左右两手一定要配合协调,不要将钞票捏得过紧,如果点钞时采取一按十张的方法,扇面要开小些,便于点清。

(3)点数。左手持扇面,右手中指、无名指、小指托住钞票背面,拇指在钞票右上角1cm处,一次按下五张或十张;按下后用食指压住,拇指继续向前按第二次,以此类推,同时左手应随右手点数速度向内转动扇面,以迎合右手按动,直到点完100张为止。

(4)记数。采用分组记数法。一次按5张为一组,记满20组为100张;一次按10张为一组,记满10组为100张。

(5)合扇。清点完毕合扇时,将左手向右倒,右手托住钞票右侧向左合拢,左右手指向中间一起用力,使钞票竖立在桌面上,两手松拢轻墩,把钞票墩齐,准备扎把。如图5-5所示。

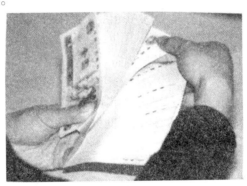

图5-5　扇子点

5.纸币的捆扎

纸币的捆扎是点钞过程中的重要环节,钞票捆扎通常是100张扎成一把,10扎打成一捆。

(1)扎把与盖章

将整点过的100张墩齐后,左手横直钞票,正面朝点钞员自己,其拇指在内,其余四指在外握住钞票左端下面,五指配合向身体方向用力,使钞票向内弯曲。右手持腰条一端搭在钞票的背面,用左手食指按住。然后右手拇指、食指和中指捏住腰条长的一端由正面向下向外顺时针缠绕(一般为两圈),绕到钞票上端时,右手腕向右侧翻转,使纸条末端向右翻折,并以食指从右侧将其插入纸条下面,同时用拇指将折角压平,以防松脱,最后再把钞票扶平即可。

每扎完一把钞票,都要把个人名章加盖在钞票上侧的腰条上,而且要清晰。

(2)打捆与盖章

打捆时把扎好的钞票按一定方向排列,每十扎按双十字方法打为一捆。捆钞有手工和机器两种捆钞方法。

　　手工捆钞是两手各取五把钞票并在一起墩齐，票面向下并在票面上垫纸，将票面的1/4伸出桌面。首先，左手按住钞票，右手用拇指和中指持绳放在伸出桌面一头的票面处，然后左手食指按住绳子，右手拿绳由右往下上绕一圈与绳子的另一端合并，将钞票自左向右转两下打起一个麻花扣，这时钞票横放在桌面，已束好的一头在右边。其次，再将钞票向外倾斜，将绳子从钞票底面绕一圈，绕到左端票面的1/4处打一个麻花扣，然后将钞票再翻个身拧一个麻花扣。最后，右手食指按住麻花扣，左手食指握住绳子一头，从横线穿过结一个活扣，在垫纸上贴上封签。

　　钞票打捆完成后要在封签上加盖日期和点钞者、捆钞者的个人名章。

　　(三)手工整点硬币的方法

　　1. 拆卷

　　右手持硬币卷的三分之一部位，放在包装纸的中间，左手撕开硬币包装纸的一头，然后右手大拇指向下从左至右端压开包装纸，把纸从卷的上面压开后，左手食指平压硬币，右手抽出已压开的包装纸以备清点。

　　2. 清点

　　用右手拇指和食指持币，从右向左分组清点。为了准确可用中指在一组中间分开查看。如一次点16枚为一组，即从中间分开一边8枚。

　　3. 记数

　　采用分组记数，一组为一次，每次的枚数相同，如一组10枚记10次即100枚。

　　4. 包装

　　硬币清点完毕后，用双手的无名指分别顶住硬币的两头，用拇指与食指、中指捏住硬币的两端，将硬币取出放在已备好的包装纸二分之一处，再用双手拇指把里半部的包装纸向外掀起掖在硬币底部顺势推卷，然后用双手的中指、食指、拇指分别将两头包装纸压下均贴至硬币上，这样硬币两头压三折，包装完毕。

　　5. 盖章

　　对包装完毕的硬币要在外包装上加盖点钞员的个人名章，对不足100枚的要标明数量和金额。其中对于已经穿孔、裂口、破缺、压薄、变形以及正面的国徽、背面的数字模糊不清的硬币，应单独剔出，另行包装。

　　(四)点钞技能考核标准

　　据悉，招商银行根据银行实际确定的总行行级技术标准，要求单指单张5分钟10把达标(合格)，准确率需在90%以上。

三、残缺污损人民币的兑换

　　残缺、污损人民币是指票面撕裂、损缺，或因自然磨损、侵蚀，外观、质地受损，颜色变化，图案不清晰，防伪特征受损，不宜再继续流通使用的人民币。残缺、污损的人民币,按照中国人民银行的规定兑换,并由中国人民银行负责收回、销毁。

（一）残缺污损人民币的兑换机构

凡办理人民币存取款业务的金融机构（以下简称金融机构）应无偿为公众兑换残缺、污损人民币,不得拒绝兑换。

（二）残缺污损人民币的兑换种类

残缺、污损人民币兑换分"全额""半额"两种情况。

1. 全额兑换。能辨别面额,票面剩余四分之三（含四分之三）以上,其图案、文字能按原样连接的残缺、污损人民币,金融机构应向持有人按原面额全额兑换。

2. 半额兑换。能辨别面额,票面剩余二分之一（含二分之一）至四分之三以下,其图案、文字能按原样连接的残缺、污损人民币,金融机构应向持有人按原面额的一半兑换。纸币呈正十字形缺少四分之一的,按原面额的一半兑换。兑付额不足一分的,不予兑换;五分按半额兑换的,兑付二分。

（三）残缺污损人民币的认定与兑换

金融机构在办理残缺、污损人民币兑换业务时,应向残缺、污损人民币持有人说明认定的兑换结果。不予兑换的残缺、污损人民币,应退回原持有人。

持有人同意金融机构认定结果的,对兑换的残缺、污损人民币纸币,金融机构应当面将带有本行行名的"全额"或"半额"戳记加盖在票面上;对兑换的残缺、污损人民币硬币,金融机构应当面使用专用袋密封保管,并在袋外封签上加盖"兑换"戳记。

残缺、污损人民币持有人对金融机构认定的兑换结果有异议的,经持有人要求,金融机构应出具认定证明并退回该残缺、污损人民币。持有人可凭认定证明到中国人民银行分支机构申请鉴定,中国人民银行应自申请日起 5 个工作日内做出鉴定并出具鉴定书。持有人可持中国人民银行的鉴定书及可兑换的残缺、污损人民币到金融机构进行兑换。

四、人民币真伪鉴别方法

《中国人民银行法》第三章第十五条规定:"中华人民共和国的法定货币是人民币"。目前市场上流通的主要是第五套人民币。出纳人员必须具备人民币真伪鉴别技能,保护国家财产的安全。

（一）假币的种类与特征

目前国内发现的假人民币,大致可分为以下两大类:

1. 伪造币

伪造币又称"假票",指模仿真币的形象,非法印制、影印、描绘、加工制做的假币。作案的手法从过去的手工描绘、木刻、石板发展到今天的机制分次套印、拓印人民币等。

2. 变造币

变造币指在真币基础上或以真币为基本材料,通过挖补、剪接、涂改、揭层等办法加工处理,使原币改变数量、形态,以此实现升值的假货币。

(二)真假人民币的鉴别

第五套人民币是一套科技含量高的货币,其防伪功能有 20 多种。比如新版 100 元券采用了固定人像水印、纸张中有红蓝两色纤维、磁性微文字安全线等防伪技术。第五套人民币有以下 10 种防伪特征:

1. 纸张

(1)真钞用纸系专用的造币纸,手感薄,整张币纸在紫外线下无荧光反应。币纸中不规则分布着黄蓝色荧光纤维,日光下肉眼可见,在紫外线下纤维有荧光反射。

(2)假钞用纸是普通胶版纸或普通书写纸,手感较厚,表面平滑,在紫外光下币纸呈现白色荧光,且无黄蓝色荧光纤维。但有时真币也会在紫外光下呈现白色荧光,这是因为纸币被含荧光剂的物质(最普遍的就是日用的洗衣粉)污染了。

2. 印刷

(1)真钞的正背面图案均为雕刻凹版印刷、人物的头发根根丝缕清晰可辨,线条光洁凸立。仔细摸索,能够感觉到人像上每根头发的纹路。

(2)假钞系平印印刷、四色套印,所以图案着墨不匀、纹理不清晰。特别肖像的头发是由网点油墨堆积成片,因此发丝无法辨认。假钞纸纹同样是由网点组成,如借助 8 倍左右放大镜观察,根根直线或曲线变成一个个小点形成的线,杂乱错落无序。

3. 磁性安全线

(1)真钞安全线具有磁性,可用机器辅助识别,肉眼可见安全线内有缩微文字(限于 100、50、20 元),文字清晰,间隔有序,线条宽窄一致。

(2)假钞安全线很难做到有磁性,虽也有文字并不齐整,线有宽有窄。

4. 水印

(1)真钞水印是造纸过程中趁纸浆未完全吃水、干燥之前经模具挤压形成,压力轻重大小形成图像的明暗层次,且层次过渡自然,富有神韵,图像清晰,立体感强。

(2)假钞水印由手工制作,质量低劣。目前所知的制作方法有揭开纸张的夹层,在其中涂上一层糊状物,再将两层纸一并合压,趁湿把纸垫在刻有图像的凹版上,经压而成。手工操作,动作笨拙,致使具有水印一端的假钞纸张发皱不平。

5. 正背互补对印

(1)真钞的正背互补对印图案是印钞专用设备正背面一次印刷完成。正背面的互补对印图案,在透视条件下完全吻合,准确无误。

(2)假钞分作正背面两次平印印刷,对印图案往往不能吻合。

6. 无色荧光油墨

(1)真钞左上角紫外光下显现出一矩形框"100/50/20/10/5"字样,发出强亮的橘黄色荧光。

(2)假钞在紫外光下,同样在上述真钞部位有荧光反映,但颜色浓度、荧光强度均相差甚远,黯淡无色。如发现荧光有异,可与真币进行对比。

7. 光变油墨

(1)真钞正面左下角在号码下面有一"100/50/20/10"字样,是用光变油墨印制的(新版5元无此设计),正常视角观察为草绿色,直观或平视都呈现蓝黑色。视角改变过程中色彩渐变。

(2)假钞制作时,由于无法得到这种特别的光变油墨,只得用草绿色油墨印刷"100/50/20/10"字样,不会变色。

8. 隐形数字

(1)真钞右上角在"100/50/20/10/5"字样下端团花装饰内有"100/50/20/10/5"字样隐形数字,从右端横向平视钞票时清晰可见,字样系由规律性线条组成,用雕刻凹印印刷,直视或平视时产生不同视角效应。

(2)假钞因是平印印刷,线条由网点组成,全然破坏了设计者构想的视角效应,凭此一点也完全可以判断钞票的真伪。平视,没有"100/50/20/10/5"隐形字样的钞票一定是假钞无疑。

9. 号码

(1)真钞的号码是计量数字。绝对没有重号,而且字形工整、标准,墨量、颜色、压力均匀一致,质量好。真钞号码是由凸印印刷,号码部位的背面有压痕。

(2)假钞号码的特点是:号码数字多相同;字形不标准;颜色深浅不一致;由于是平印印刷,背面无压力痕迹。

10. 磁性油墨

(1)真钞正面左下角采用双色横号码(两位冠字、8位号码)具有磁性,可用机器辅助鉴别(新版5元无此设计)

(2)假钞双色横号码无磁性,但往往制作假钞时会在该部位涂上磁粉,以欺骗机器,所以有磁性并不代表一定为真币,但无磁性一定为假币。

(三)发现假币的处理

出纳人员发现假币,要及时向银行和公安机关报告,以便处理。出纳人员发现可疑的票币又不能辨别真伪的,应及时送人民银行或有关部门鉴定处理。出纳人员误收假币,银行予以没收,并开具"没收假币收据",其经济损失由当事人等额赔偿。如果看到别人大量持有假币,应劝其上缴或向公安机关报告;如果发现有人制

造、买卖假币,应掌握证据,向公安机关报告。

【任务实施】

9月11日张红运用单指单张点钞法对销售部门上交的面额为100元的现金销售款115,600元进行了清点。

1.拆把持票。张红左手横执钞票,正面朝向身体,中指和无名指夹住票面的左下角,拇指在里侧上边处,中指稍用力使钞票放倒在桌面上。钞票的左上角翘起成瓦形,同时食指伸直,勾住捆钱条上半部,用力勾断,再用拇指翻捻钞票成微开的扇面形,右手拇指、食指、中指沾水作点钞准备。

2.清点与记数。张红左手持钞并形成瓦形后,右手食指托住钞票背面右上角,用拇指尖逐张向下轻轻捻动钞票右上角,食指在钞票背面的右端配合拇指捻动,左手拇指按捏钞票松紧适中,右手的无名指将捻起的钞票向怀里弹。张红在采用分组记数法情况下很快清点完毕。同时,没有发现假钞及残损币,共计清点100元面额人民币1156张。

3.扎把、打捆与盖章

(1)扎把与盖章

张红将整点的100张钞票墩齐后,左手横直钞票,正面朝自己,其拇指在内,其余四指在外握住钞票左端下面,五指配合向身体方向用力,使钞票向内弯曲。右手持纸条一端搭在钞票的背面,用左手食指按住。然后右手拇指、食指和中指捏住纸条长的一端由正面向下向外顺时针缠绕两圈,绕到钞票上端时,右手腕向右侧翻转,使纸条末端向右翻折,并以食指从右侧将其插入纸条下面,同时用拇指将折角压平后并在纸条上加盖了个人名章,最后把钞票扶平,共计扎11把,零头5600元。

(2)打捆与盖章

捆钞时两手各取五把钞票并在一起墩齐,票面向下并在票面上垫纸,将票面的1/4伸出桌面。首先,左手按住钞票,右手用拇指和中指持绳放在伸出桌面一头的票面处,然后左手食指按住绳子,右手拿绳由右往下上绕一圈与绳子的另一端合并,将钞票自左向右转两下打起一个麻花扣,这时钞票横放在桌面,已束好的一头在右边。其次,再将钞票向外倾斜,将绳子从钞票底面绕一圈,绕到左端票面的1/4处打一个麻花扣,然后将钞票再翻个身拧一个麻花扣。最后,右手食指按住麻花扣,左手食指握住绳子一头,从横线穿过结一个活扣,在垫纸上贴上封签并在封签上加盖日期和个人名章。共计打1捆。

4.经过以上操作,张红清点了1捆1把及5600元的零头,共计金额115,600元及时结账入库。

任务二 账证表的书写技能

【任务目标】

通过对文字和数字书写技能的学习和训练,使学生掌握文字、数字书写的基本要求,能够熟练规范地书写文字、大写金额和小写金额。

【任务导入】

【例5-2】烟台吉安公司财务处王月是新职员,文字数字写得不好看,请问该怎么办?

【相关知识】

账、证、表的文字与数字的书写是出纳人员的重要基本功,凭证的处理、账簿的登记、报表的编制都需要用规范的文字和数字加以表达,应当做到使书写的文字和数字正确、清晰、流利和匀称。

一、文字书写

文字的书写通常应当避免潦草、字形失态、字画刻板和杜撰文字等。

1.字体

汉字字体种类繁多,如仿宋体、扁魏体、正楷体、隶体及各种行书体、草体等。核算中究竟采用哪种字体,并无定数。但为保证账务处理的整洁、美观、易于辨认,一般采用正楷、行书和扁魏体。现在书店的钢笔字帖较多,可以从中选择某种字体的字帖,反复练习,掌握其要领。

2.字位

所谓字位是指每个字在凭证、账页、表册每行格中的位置。根据核算的实际情况及记账规则的要求,当账务处理过程中发生书写差错时,需要采用画线更正法予以更正。若文字书写太大,发生差错就无法更正了;若文字书写太小,则又难以辨认。所以账务文字大小、位置要适应,通常使书写的文字占行宽的二分之一或三分之二为佳,并落笔在底线上。

二、数字书写

1.字法

数字的基本要求是清晰、娟秀、流畅。字体要各自成形,大小匀称,排列整齐。有圆圈的数字如6、8、9、0等,圆圈必须封口;写6时比一般数字向右上方长出1/4;写7、9时比一般数字下方(过行格底线)长出1/4。各数字书写基本要求如下:

"1"字不能比其他数字短,以免篡改;

"2"字不能写出"Z",以免改作"3";

"3"字要使起笔处至拐弯处距离较长,不应太短,同时拐弯处要光滑,使其不易误为"5";

"4"字的"∠"角要死折,使其不易改作"6";

"5"字的短横与"秤钩"必须明显,切不可拖泥带水,以防与8混淆;

"6"字起笔要伸至上半格四分之一处,下圈要明显,使其不易改作4和8;

"7"字上端一横要既明显,又平直,折划不得圆滑,以与1和9明显区别开来;

"8"字要注意上下两圈儿明显可见;

"9"字的小圆圈不要留空隙,要闭合,并且一竖稍长,略出行使其不易与4混淆;

"0"字不要写小了,并要闭合,以免改作9。连续写几个"0"时,不得连笔写。

2. 字位

字体要自右上方斜向左下方书写,倾斜度为60度左右。每个字要紧靠凭证或账表行格底线书写,字体约占行格高度的1/2或2/3左右为宜。

另外,大写数字标准写法:壹、贰、叁、肆、伍、陆、柒、捌、玖、拾、零、佰、仟、万、亿。大写数字位于格式框底线之上,按照正常的书写角度自左侧开始书写。

【任务实施】

有句成语叫铁杵磨成针。王月应该按照规范的字样多练多写,就会逐渐变好看了。

任务三　数字小键盘与传票操作技能

【任务目标】

通过学习和训练,使学生熟记数字小键盘的平面布局,掌握正确的操作方法,提高上机效率。

【任务导入】

【例5-3】烟台万兴有限公司出纳员张红在平时的会计电算操作中,因数字录入太慢而影响了工作效率。特别是记账凭证汇总表的编制,既要翻凭证,又要录数字,真是手忙脚乱,无所适从。

请问:你有什么好办法帮她尽快进行业务处理?

【相关知识】

一、学习小键盘的意义

在经济领域中,经济业务的发生与记录是以货币来计量的,为了保证会计核算的正确与快速,必须借助于电算、珠算等技能,通过大量的数字计算进行会计核算。所以,记账、算账的快慢与准确度的高低,直接影响到会计核算的质量与效率。在科技发展的今天,计算机已成为人们生活、工作的必备工具。作为一个财会工作者,能否熟练进行会计电算化操作,除了掌握好专业知识和汉字录入技能以外,还必须准确、熟练的进行小键盘操作以满足经济飞速发展的需要。

二、键盘的种类

键盘是用户与计算机进行信息交流的主要接口,是计算机最重要的输入设备。键盘按键数的多少分为83键和101键两种。101键设有小键盘区,它能使数字录入方便快捷,更适用于经济工作人员会计电算化的操作。

三、101键盘的平面布局及常用键名、键符的功能说明

计算机键盘主要由功能键区(左上部)、状态指示灯区(右上部)、主键盘区(左下部)、光标控制区(中下部)和数字小键盘区(右下部)组成。如图5-6所示:

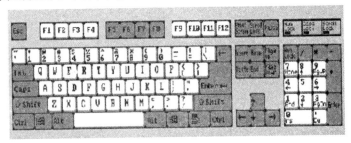

图5-6

(一)功能键区

该区在键盘上部有16键。其主要功能键F1—F12,各键的具体功能由使用的软件系统决定。

(二)主键盘区

该区在键盘左下部有58键。其主要键位有:

1. 字母键A-Z(a-z):有大小写之分。

2. 数字键0-9:数字键的下档为数字,上档为符号。

3. 功能键

(1)回车键Enter:输入行结束、换行、执行DOS命令。

（2）换档键 shift(↑)：用来选择双字符键的上档字符。

（3）控制键 Ctrl 和 Alt：与其他键组合，形成组合功能键。

（4）大小写字母锁定键 CapsLock：计算机默认状态为小写。

（5）退格键 Backspace(←)：删除当前光标左边一字符，光标左移一位。

（6）空格键 Space：在光标当前位置输入空格。

（7）屏幕复制键 PrtSc 或(PritScreen)：Windows 系统下，将当前屏幕整屏复制到剪贴板 。

（8）Pause/Break 暂停键：暂停正在执行的操作。

（9）Tab 制表键：制作图表时用于光标定位。

（10）Esc 退出键：一般用于退出正在运行的系统，不同软件其功能也有所不同。

4. 特殊符号键

（1）运算符号：+ － ＊ ／ 等。

（2）关系符号：= ＜ ＞ 等。

（3）标点符号：, 。: ; 〔 〕（ ）! " "等。

（4）其他符号：# $ % & 等。

（三）光标控制键区

该区在键盘中下部有 10 键。在编辑状态下，可使用此区的键快速移动光标，以加快编辑的速度。其主要键位有：

1. 删除键 Del(delete)：删除光标所在字符。

2. 插入键 Ins(Insert)：插入字符、替换字符的切换。

3. 功能键 Home：光标移至屏首或当前行首(软件系统决定)。

4. 功能键 End：光标移至屏尾或当前行末(软件系统决定)。

5. 功能键 PgUp(PageUp)：当前页上翻一页，不同的软件赋予不同的光标快速移动功能。

6. 功能键 PgDn(PageDown)：当前页下翻一页，不同的软件赋予不同的光标快速移动功能。

（四）数字小键盘区

该区在键盘右下部有 17 键。这些数字键都有双重功能，开机后 NumLock 指示灯亮，这时按各个数字键，即可显示该数字，可以加快数字录入的速度。当按一次数字锁定键 NumLock 后，Num Lock 指示灯熄灭，此时小键盘区的功能与光标控制键区相同。

四、小键盘录入技巧

（一）正确的姿势

大家上机操作时，开始就应养成良好的上机习惯。正确的姿势不仅对提高输入速度有重大影响，而且可以减轻长时间上机操作引起的疲劳。

1. 身体应保持挺直，肩膀平放，右手放松，稍偏于键盘右方；

2. 将全身的重量置于椅子上，坐椅要旋转到便于手指操作的高度，两脚平放，切勿单脚交叉立地；

3. 两肘贴于腋边，手腕及肘部成一直线，手指自然弯曲轻放在基准键上；

4. 显示器放在键盘的正后方，显示器与眼睛距离50厘米以上。原稿放在键盘左侧。

（二）指法基准键位

正确的指法分工是进行计算机数据快速录入的基础，它是决定输入信息速度和准确度的基础和关键环节。

"基准键位"是指用户上机时的标准手指位置。小键盘的基准键位是"4、5、6和0"，"4、5、6"分别由右手的食指、中指和无名指负责。其中5为定位键有一个突点，中指停在5上。这是为操作者不看键盘就能通过触摸此键来确定基准位而设置的，它为盲打提供了方便。拇指轻放在基准键位的"0"键位上。

在基准键位基础上，小键盘左侧自上而下的"7，4，1"三键由食指负责；同理中指负责"8，5，2"；无名指负责"9,6,3"和"．"；右侧的"－，＋"由小指负责；大拇指负责"0"。

小键盘指法分布如图5-7所示：

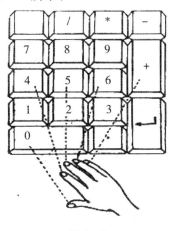

图5-7

（三）击键要领

键盘的键位一般都是触发键,不要按下不放,应一触即放。击键时要凭手指的感应准确地击键,眼睛不要看键盘;用心记住键盘各键的位置,用大脑指导手指按要打的键;手指击键要准确。具体为:

1. 右手指自然弯曲,轻轻放在基本键位上。

2. 手腕要平直,手臂不动,全部动作仅限于手指部分。

3. 以指尖击键,瞬间发力并立即反弹。击键要轻,节奏要匀。

4. 击键后手立即返回到基本键位。

5. 左手指着要输入的资料或翻阅凭证。

(四)击键训练方法

1. 键位练习

扎实的基准键位练习是高效、准确的录入数字操作的基础。定位训练是循序渐进的工作,应以基准键位为中心,从易到难分组进行有效训练。

训练目的是要牢记小键盘各键的键位,熟练准确地进行击打,体会各指击键的规律。例如:

(1)基准键位训练:445566 46465 4566654 64554 56456 506040 00665 4560456

(2)拓展键位训练:95468 897654 658748 876859 549808 987654 876500 7846578

(3)综合训练:7565 + 7968 =   42713 − 3954 =   20.03 × 68 =   38.5 × 0.213 =
                  69200 ÷ 3.46 =   25.65 + 9.38 =   5713 − 95.4 =   20.03 × 68 =

2. 软件练习:学会一种指法训练软件的使用。如:Clszxjpflx v1.6《小键盘数字录入指法练习》。练习目标为:120 字/1 分钟及格;130 字/1 分钟良好;150 字/1 分钟优秀。其准确率均应在 95% 以上。

(1)启动 Clszxjpflx v1.6《小键盘数字录入指法练习》软件,弹出如图 5 − 8 所示界面:

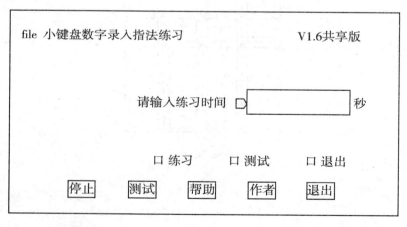

图 5 − 8

（2）输入设定时间,点击"练习"按钮,弹出如图5-9所示数字练习界面,计时开始。

file 小键盘数字录入指法练习				V1.6共享版
倒计时	秒	练习时间	秒	时间
827	56.97	9.98	28.1	44.1

速　度:字/分钟　　　准确率:#%　　　字数:

| 停止 | 测试 | 帮助 | 作者 | 退出 |

图5-9

练习方法:练习时将右手放在基准键位上,输入一组数字后,按回车键"↵"确认,如此往复,当时间结束时,就会弹出如图5-10所示界面,显示速度、准确率和时间三个指标,同时会用文字提示练习水平的高低。

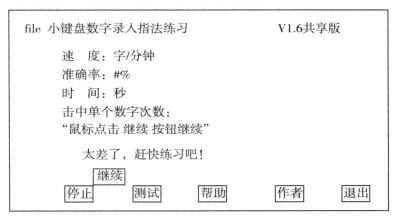

图5-10

（3）点击"测试"按钮,就会弹出如同练习一样的数字练习界面,10分钟计时开始。如图5-11所示。

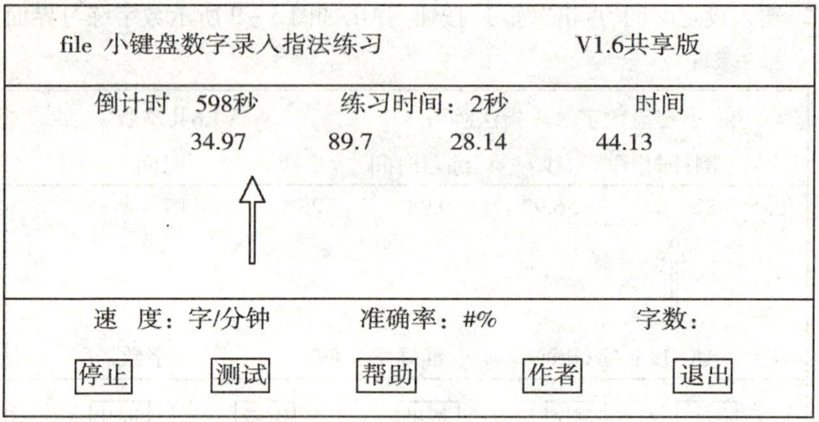

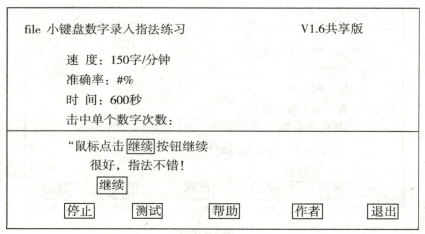

图 5 - 11

测试方法:测试时将右手放在基准键位上,输入一组数字后,按回车键"↵"确认,如此往复,当时间结束时,就会弹出如同练习结束一样的数字测试界面。界面显示三个指标:速度、准确率和时间,同样会用文字提示测试水平的高低。如图 5 - 12 所示。

图 5 - 12

五、小键盘录入技能在经济工作中的应用——传票算

(一)传票算的意义

传票算也可称为凭证汇总算,它是对各种单据、发票和记账凭证进行汇总计算的一种方法,它也是加减运算中的一种常用方式。

在经济业务中,企业部门的会计核算、统计报表、财务分析、计划检查等业务活动,其报表资料的数字来源都是通过会计凭证的计算、汇总而获得的。传票算是财会工作者日常工作中一项很重要的基本功。

(二)传票算类型

传票算题是根据经济核算中凭证累加为基础,结合业务考核中对传票算的要求(即需要)而设计的,有活页式传票和订本式传票两种。

1.活页式传票即未经装订的传票。在实际工作中主要是此种传票,由于凭证是分散凌乱的,在汇总的过程中需要检查、翻页、看数、运算、记数等环节的紧密配合才能提高运算效率。

2.订本式传票:也称比赛式传票,一般每本100页,在左上角装订成册。每页5行数字,均为金额单位,各行数码从1—100页,均为500字,每笔最多为7位数,最低4位。每页5行数字依次印有(一)、(二)、(三)、(四)、(五)的标志。"(一)"表示第一行数,"(二)"表示第二行数,以此类推。在传票本每页的右上角印有阿拉伯数字表示传票的页码,如29,表示第29页传票,在行次后印有数字,如(一)139.48,表示第29页第一行数字是139.48,依此类推。第29页传票样本如图5-13所示。

/(装订)		29
(一)		139.48
(二)	9,	278.05
(三)		50.42
(四)	3,	496.07
(五)	856,	703.29

图5-13

(三)操作方法

为了掌握过硬的传票算技能,这里借用全国珠算比赛的"传票样本"和招商银行的考核要求讲述操作方法。传票运算具体包括:准备、翻页、录入三个环节,这是传票算的基本功。

1.准备工作:算前整理传票包括检查传票和打扇面两个方面。

(1)检查传票。传票在计算前一定要进行仔细检查,检查时应逐页逐页地翻看,以防漏页和重页,同时还要注意检查印刷是否清晰。发现问题要及时处理,发现重页,只需将重页撕下即可,若有漏页则应调换,印刷不清的也要填清。

(2)打扇面。为便于翻页要将传票捻成扇形(约1.5-2CM宽即可),并用夹子夹住左上角,固定下来以备运算。其具体方法为:左、右手分别握住检查无误后的传票左、右端,拇指在上其余4指在下,以左手拇指为轴向怀内翻卷,翻卷后左手随即捏紧,右手放开,重复进行,直到要求扇面宽度即可。也可以用别的方法把传票捻成扇面形状但必须使封面向下突出,封底向上突出,以便于翻页,因此,扇面不要过大。然后用夹子将传票的左上角夹住使扇形固定。

(3)摆放位置。将整理好的传票放在键盘左下角,贴近键盘,便于运算看数。

2.传票翻页:

一次一页传统的传票翻页方法是:左手小指、无名指和中指放在传票封面的左下方,食指、拇指放在第一页右下端,当右手将传票第一页的有关数字录入(累加)电脑还剩下两个数码时,左手拇指将传票掀起给食指与中指夹住,拇指继续翻起下页传票。这样,左手拇指将传票一页一页地翻,右手将每页的有关数字不断地累加入电脑,全部录完100页。

在翻动传票时,为避免翻重页,左手拇指在翻页交给食指的同时,食指还要靠手感检验是否为一页(避免漏页)并和中指迅速将翻过来的页夹住,以便拇指继续往下翻。

3.看数与录入:

在运算过程中,翻页、看数、录入要协调进行,做到在看上页最后几位数时已翻开下页。

以上三个环节要紧密配合,以节省时间,提高运算速度。特别是翻看要配合,就是要翻到即看,看到即录,默记最后两位数,在录入的同时翻下页。只有做到眼、脑、手紧密配合,不停顿地连续下去,才能提高传票运算的效率。

(四)练习方法与考核标准

1.练习方法:准备一本比赛用传票,按照"准中求快"的要求进行练习。

(1)计算备用传票各行数字和作为练习的参考答案填入下表5-1。

表5-1

第一行	第二行	第三行	第四行	第五行

(2)计时训练:计算某一行1—100页合计数,并记录运算时间。

2.考核标准:招商银行的考核标准是在2分30秒内录完达标;3分钟内录完有成绩;超过3分钟或答案不对没有成绩。

【任务实施】

1.帮助张红进行严格而规范的小键盘录入训练,使她掌握了正确熟练的数字小键盘录入技能。

通过扎实的基准键位训练、拓展键位训练和综合训练,使她牢牢记住了小键盘各键的键位,熟练准确的击打基准键位数字,体会到了各指击键的规律。又通过使用 Clszxjpflx v1.6《小键盘数字录入指法练习》软件练习,使她的数字录入水平得到了迅速提高。

训练要点:训练者一定要按正确的击键姿势进行训练,这是正确、快速录入的基本保证。右手各指定位要准,击键要果断,掌握悬腕、弓手、立指、弹击的击键方法,养成盲打的好习惯。视线放在原稿上,不要看键盘和显示器。

2. 帮助张红进行严格而规范的传票算训练,使她掌握了正确熟练的传票运算技能,能够快速准确地进行"科目汇总表"的编制,大大提高了会计核算的效率。

(1)将凭证按科目进行分类、按借贷方向顺序排列,并对凭证进行仔细检查。

(2)打扇面。为便于翻页要将传票捻成扇形,并用夹字夹住左上角,固定下来以备运算。其具体方法为:左、右手分别握住检查无误后的传票左、右端,拇指在上其余4指在下,以左手拇指为轴向怀内翻卷,翻卷后左手随即捏紧,右手放开,重复进行,直到要求扇面宽度即可。然后用夹子将传票的左上角夹住使扇形固定。将整理好的传票放在键盘左下角,贴近键盘,便于运算看数。

(3)传票翻页。左手小指、无名指和中指放在传票封面的左下方,食指、拇指放在第一页右下端,当右手将传票第一页的有关数字录入电脑还剩下两个数码时,左手拇指将传票掀起给食指与中指夹住,拇指继续翻起下页传票。这样,左手拇指将传票一页一页地翻,右手将每页的有关数字不断地累加入电脑,全部录完。

(4)看数与录入。在运算过程中,按科目分别算出借方、贷方发生额,顺利编制出高质量的"科目汇总表"。

任务四　其他机具的使用

【任务目标】

了解出纳日常工作中常用的机具,熟悉保险柜、点钞机、扫描仪、装订机以及POS机的类型及其功能,能够熟练地使用各种机具。

【任务导入】

张红第一天做出纳,虽然知道保险柜是专门保管库存现金、有价证券、银行票据、印章及其他出纳票据的,但对使用保险柜保管财物时需要注意的事项还不太清楚,应从哪些方面进行了解? 对于出纳的其他机具使用应注意哪些方面的问题?

【相关知识】

一、保险柜

为了保护国家财产安全和完整,各单位应配备专用保险柜,专门用于库存现金、各种有价证券、银行票据、印章及其他出纳票据等的保管。

依据密码工作原理不同,保险柜(箱)又可分为机械保险(如图5-14所示)、电子保险(如图5-15)两种。早期的保险柜(箱)大部分都是机械保险柜(箱),特点是价格比较便宜,性能比较可靠;电子保险柜(箱)是将电子密码、IC卡等智能控制方式的电子锁应用到保险柜(箱)中,其特点是使用方便。

图5-14 虎牌机械锁保险柜　　　　　**图5-15 虎牌电子锁保险柜**

各单位应加强对保险柜的使用管理,制定保险柜使用办法,要求有关人员严格执行。一般来说,保险柜的使用应注意如下几点:

1. 保险柜的管理。保险柜一般由总会计师或财务处(科、股)长授权,由出纳员负责管理使用。

2. 保险柜钥匙的配备。保险柜要配备两把钥匙,一把由出纳员保管,供出纳员日常工作开启使用;另一把交由保卫部门封存,或由单位总会计师或财务处(科、股)长负责保管,以备特殊情况下经有关领导批准后开启使用。出纳员不能将保险柜钥匙交由他人代为保管。

3. 保险柜的开启。保险柜只能由出纳员开启使用,非出纳员不得开启保险柜。如果单位总会计师或财务处(科、股)长需要对出纳员工作进行检查,如检查库存现金限额、核对实际库存现金数额,或有其他特殊情况需要开启保险柜的,应按规定的程序由总会计师或财务处(科、股)长开启。一般情况下不得任意开启由出纳员掌管使用的保险柜。

4. 财物的保管。每日终了后,出纳员应将其使用的空白支票(包括现金支票和转账支票)、银钱收据、印章等放入保险柜内。保险柜内存放的现金应设置和登记现金日记账,其他有价证券、存折、票据等应按种类造册登记,贵重物品应按种类设置备查簿登记其质量、重量、金额等,所有财物应与账簿记录核对相符。按规定,保险柜内不得存放私人财物。

5. 保险柜密码。出纳员应将自己保管使用的保险柜密码严格保密,不得向他人泄露,以防为他人利用。出纳员调动岗位,新出纳员应更换使用新的密码。

6. 保险柜的维护。保险柜应放置在隐蔽、干燥之处,注意通风、防湿、防潮、防虫和防鼠;保险柜外要经常擦抹干净,保险柜内财物应保持整洁卫生、存放整齐。一旦发生故障,应到公安机关指定的维修点进行修理,以防泄密或失盗。

7. 保险柜被盗的处理。出纳员发现保险柜被盗后应保护好现场,迅速报告公安机关(或保卫部门),待公安机关勘查现场时才能清理财物被盗情况。节假日满两天以上或出纳员离开两天以上没有派人代其工作的,应在保险柜锁孔处贴上封条,出纳员到位工作时揭封。如发现封条被撕掉或锁孔处被弄坏,也应迅速向公安机关或保卫部门报告,以使公安机关或保卫部门及时查清情况,防止不法分子进一步作案。

二、点钞机

点钞机(Cash registers)是一种自动清点钞票数目的机电一体化装置(如图 5 - 16、图 5 - 17 所示),一般带有伪钞识别功能,集计数和辨伪钞票的机器。

按照钞票运动轨迹的不同,点钞机分为卧式和立式点钞机。根据点钞机的功能可分为全智能型点钞机、半智能型点钞机和普通型点钞机。辨伪手段通常有荧光识别、磁性分析、红外穿透三种方式。

(一)点钞机的构造

点钞机由捻钞、出钞、接钞、机架和电子电路等六部分组成。

1. 捻钞部分。主要由滑钞板、送钞舌、阻力橡皮、落钞板、调节螺丝、捻钞胶圈等组成。将要清点的钞票逐张捻出是保证计数准确的前提。该机采用面出钞连续分级的:捻钞胶圈捻走处于表面的一张钞票,下面的钞票被阻力橡皮粘住,使表面的钞票与下面的钞票分开,实现分张。这个过程不断重复进行,直到捻完最后一张钞票。

2. 出钞部分。主要由出钞胶轮、出钞对转轮组成。其作用是出钞胶圈以捻钞胶圈两倍的线速度把连续送过来先到的钞票与后面的钞票有效地分开,送往计数器与检测传感器进行计数和辨伪。

3. 接钞部分。主要由接钞爪轮、托钞板、挡钞板等组成。点验后的钞票一张张分别卡入接钞爪轮的不同爪,由脱钞板将钞票取下并堆放整齐。

4. 传动部分可采用单电机或双电机驱动,由电动机通过传动带、传动轮,将动力输送给各传动轴。采用双电机驱动易于实现预置数功能。电机可采用交流或直流电机,由于电机和变压器的重量较大,如采用直流电机配合开关电源,可大大减轻整机重量。

5. 机架组件。实践证明采用冲压力边板效果较好。采用这种设计的好处是机架的左、右边板中相对应精度较高的部分可以采用同一模具一次加工完成,提高了机架的装配精度,降低了成本,也为运动中的钞票得到有效识别提供了所需的定位精度。

6. 电子电路部分。由主控部分、传感器部件、驱灯组件、电源板等组成一个单片机控制的系统,通过多个接口把紫光、磁性、红外穿透、计数信号引入主控器。把正常钞票在正常清点中在各传感器接收到的信号进行统计取样、识别,并寄存起来,作为检测的依据。当清点纸币时,把在各通道接口接收到的信号参数与原寄存起来的信号参数进行比较、判断,若有明显差异,立即送出报警信号并截停电机,同时送出对应的信号提示。

（二）点钞机使用方法

在使用点钞机时,要按照规定的程序操作,准确进行喂钞、按键和取钞。

首先,打开点钞机,使其处于工作状态,再把待点钞票理好,码放整齐,开始点钞操作。为便于分张和下钞流畅,对于压紧的纸币应拍松后再捻开,否则容易下双张或出现"拥塞"现象。对于待清点的钞票,最好捻开成一个前低后高的斜面,平整放入喂钞台,使钞票从上面第一张依次自然下滑,通过捻钞轮进入机器内。

随着点钞机开始工作,握钞手指逐渐松开,切不可往下推挤钞票。喂钞台内的钞票清点完毕后,机器可自动停止。机器运行时,操作人员要认真进行检查,如发现有假钞、破损或其他异物,或者有绵软、霉烂的钞票时,要立即剔除,然后再继续清点。清点过程中若发现假币,机器就会自动停止,蜂鸣器发出"嘟嘟"几声报警信号,或在任意工作状态下指示灯亮,并且闪烁,计数显示窗显示"鉴伪方式显示符",取出假币后按任意键继续清点。操作完毕,要注意检查机器上是否有遗漏钞票。

图 5-16　　　　　　　　　　　　图 5-17

三、扫描仪

扫描仪是利用光电技术和数字处理技术,以扫描方式将图形或图像信息转换为数字信号的装置。

（一）扫描仪的种类

1. 平板式扫描仪。其优点是扫描速度快捷,质量好,是最常用的扫描仪;缺点是体积大,而且限制扫描文件的面积。一般为 A4 大小。

2. 滚筒式扫描仪。其优点是竖立设计,能处理各种大小文件;缺点是较平台式慢,价格比平台式扫描仪贵,而且摆放要比较小心。一般适合广告宣传品、年度报告以及一些精美的艺术复制品等制作。

3.手提扫描仪。其优点是使用方便;缺点是每次只能处理数行文字或部分图片,而且只限黑白色。

4.相片扫描仪。其优点是图像质量高,是数码相机的代替品;缺点是价钱昂贵,而且只能处理相片。

5.底片扫描仪。顾名思义就是用来扫描底片的扫描仪,它和数码相机、平板扫描仪同为图像数码化的重要工具,并且常用于对图像要求较高的专业领域,一般为专业人士使用。其优点是能制作最高质量的相片图像;缺点是一台装有胶片扫描装置的平台式扫描仪比它更便宜更实用。

6.名片扫描仪。其优点是拥有小巧的体积和强大的识别管理功能;缺点是用途有限,价钱并不划算。

(二)扫描仪的构造

平板式扫描仪主要由上盖、原稿台、光学成像部分、光电转换部分、机械传动部分组成。如图 5-18、图 5-19 所示。

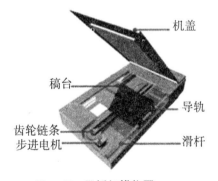

图 5-18　平板扫描仪图　　　　图 5-19　富士通文档图像扫描仪 fi-6010N

(三)扫描仪使用方法

最基本的步骤如下:

1.安装扫描仪驱动程序。

2.连接电源线(有些机型是 USB 直接供电的)、开锁(有些机型没有)、连接 USB 连接线。

3.点击桌面扫描仪坐标或通过第三方软件调取(如:ACD/WORD/EXE 表格等)。

4.选择扫描仪模式、分辨率、保存位置。

5.点击预览(可适当的选择图片的任何部分),点击扫描。

6.保存成功后,文件出现在相应的位置,任务完成。

四、财务装订机

财务装订机是用来装订财务凭证、票据等的装订机。通常由两部分构成,一是打孔部分,二是装订部分。

传统的财务装订机费时、费力,比较麻烦。现在一般采用尼龙管热压铆装订的工作方式。整个操作过程可以分为:打孔、装订机自动截管、穿管、压铆等步骤。

根据操作过程的自动化程度可以分为:手动装订机、半自动装订机、电动压铆(自动)装订机、全自动装订机。其中:手动装订机采用手柄下压打孔、自动截管、手动穿孔、手动压铆的工作方式;半自动装订机采用电机打孔、自动截管、手动穿孔、手动压铆的工作方式;电动压铆(自动)装订机采用电机打孔、自动截管、手动穿孔、电机压铆的工作方式;全自动装订机可实现打孔、截管、穿管、压铆等全部步骤一键完成。

图 5-20 金典 GD-70S 半自动财务装订机　　　图 5-21 宾德 BD-3 财务装订机

下面以宾德 BD-3 财务装订机为例,介绍财务装订机的使用:

1. 预热。打开电源开关,机器指示灯显示为红色,机器开始预热。

2. 打孔。将凭证整理好,放在机器台面右侧打孔处,按下手柄进行打孔。整理凭证时,应注意检查是否存在大头针、别针等金属,防止损坏钻头。

3. 取铆管。打开机器右侧截管盒,取出铆管插入凭证上的打孔处。

4. 热铆。机器指示灯显示绿色,预热完毕开始热铆。把凭证放在机器台面的左侧,将铆管对准相应的位置,放下指示针,压下把柄 3-5 秒,凭证装订完成。

5. 关闭电源,清理纸盒内碎纸屑。

五、POS 机

(一)POS 机的安装条件

POS 机是一个对公的业务,不是个人可以申请的。需要客户先在银行开立对公账户(包括:基本账户或一般账户)后,才能申请办理 POS 机具的安装。

(二)POS 机的办理手续

商户申请安装刷卡机必须提供以下证件才可以办理:

1．商户必须具有经营执照(一般企业/个体工商户)；

2．法人代表身份证；

3．税务登记证(如果是 4050 工程等免税的例外)；

4．机构代码证；

5．银行开户账号(一般户/基本户)；

6．公章(所有的复印件都要加盖公章)；

签订银联 pos 机合同比较复杂,需填写和盖章的地方比较多,商户申请时一定要准备好以上 5 证的复印件加盖公章以及企业公章、法人章(缺一不可)。

商户向开户银行提出申请,并提供相关资料,银行审查无误,满足条件的,与银行签订协议并约定装机时间及地点,银行上门服务。

图 5-22　手持 POS 机　　　　　　　图 5-23　POS 机

(三)POS 机的使用

POS 机接通电源后,按照提示依次进行操作,输入结算金额,让客户输入密码,打印一式两份的签购单,交客户签字并核对签名模式(必须是持卡人本人)后,把信用卡和持卡人联交客户,商户存根和发票订一起,持存根联到开户行办理款项的收取。

【任务实施】

张红在使用保险柜保管财物时应注意以下事项：

1．出纳员不能将保险柜钥匙交由他人代为保管。

2．保险柜内存放的现金应设置和登记现金日记账,其他有价证券、存折、票据等应按种类造册登记,贵重物品应按种类设置备查簿登记其质量、重量、金额等,所有财物应与账簿记录核对相符。按规定,保险柜内不得存放私人财物。

3．出纳员应将自己保管使用的保险柜密码严格保密,不得向他人泄露,以防为他人利用。出纳员调动岗位,新出纳员应更换使用新的密码。

4．保险柜一旦发生故障,应到公安机关指定的维修点进行修理,以防泄密或失盗。

项目小结

　　本项目主要介绍了五个方面的内容,分别是:票币整点技能、书写技能、珠算操作技能、小键盘操作及出纳机具的使用等。票币整点技能包括人民币的整理、点钞基本方法以及人民币真伪的识别方法等;其中,应重点掌握单指单张点钞法。财务数字书写技能有文字和数字两方面内容。珠算操作技能介绍珠算的指法以及加、减、乘、除四则运算等,结合心算加强珠算基本技能。另外对出纳人员常用机具进行了简单介绍,出纳员需要熟练掌握点钞机、保险柜、复印机以及凭证装订机等机具的使用。

思考与讨论

思考题

　　1. 出纳发现假币如何处理?

　　2. 出纳对残缺货币如何处理?

　　3. 珠算加减法运算要领有哪些?

　　4. 如何快速提高珠算运算速度?

　　5. 如何熟练使用出纳机具?

个案分析

　　有朋友问:保险柜看着敦实,又有密码,又是报警的,真的保险吗?

　　有人说:相对安全,不是绝对的安全;也有人说:魔高一尺,道高一丈。世界上没有绝对的安全。

　　《南方日报》曾经报道过这样一个案件:2008年5月至7月,广东省中山市7家工厂的保险柜先后被盗。以田某为首的盗窃团伙连续作案24宗,涉案金额达21万元,他们都曾在中山镇区各厂做短期临工,对工厂环境和安全状况比较了解,就打起了盗窃工厂办公室保险柜的主意。这起案件触目惊心,充分说明了保险柜并不是绝对的安全。

　　请分析该案件给予我们的启示。作为出纳人员应该从哪些方面进行安全防范?

项目五 技能训练

一、财务数字书写技能训练

训练一：写出下列日期的大写文字

2011 年 2 月 3 日；2012 年 8 月 16 日；2013 年 11 月 30 日；2013 年 10 月 27 日
2018 年 12 月 23 日；2004 年 6 月 9 日；2007 年 5 月 14 日；2009 年 3 月 20 日。

训练二：写出下列金额的大小写

6.29 元；15.06 元；27045906.83 元；306987005.21 元；976043210.80 元；
3.07 元；100.23 元；120900.30 元；306702145.98 元；432179600.56 元。

二、小键盘技能训练

训练一、击键训练：

要求明确手指分工，坚持正确的姿势与指法，坚持盲打。

1. 指法基本键位练习：

（1）基准键练习：

45056　546465　456654　664554　556456　506040　50665　4560456
65456　054045　454655　00645　405060　500506　60504　650460　564456

（2）拓展键位训练：

540.68　　89.7654　　60587.48　　187.6859　　549.80　　498.7654
80.08765　653.78　　46147.58　　3690.97　　9753.64　　963.08

（3）综合训练：

107556 + 674962 =　　9250.65 + 966.38 =　　325065 + 597318 =
9271390 × 72130 =　　7240.03 × 685.68 =　　203703 × 752368 =
6920080 ÷ 31.46 =　　6920909 ÷ 82.346 =　　6920048977 ÷ 36 =

2. 效率训练：通过运用指法训练软件，快速提高准确率和速度。要求准中求快。

训练二、传票训练：

准备一本比赛用传票

1. 反复计算（一）至（五）行各行数字 1 – 100 页的和填入下表。

传票答案

行次	（一）	（二）	（三）	（四）	（五）
答案					

2.反复计算（一）至（五）行各行数字 1–100 页的和。要求翻页要规范，数字录入要准确。速度应不断提高，目标三分钟/每题。

附　录

附录1　增值税发票版式

目前增值税发票主要有以下几种：增值税专用发票、增值税电子专用发票、机动车销售统一发票、增值税普通发票增值税电子普通发票、增值税普通发票（卷票）、增值税电子普通发票（通行费）和二手车销售统一发票等。

1. 增值税专用发票

专用发票的基本联次为三联：发票联、抵扣联和记账联。发票联，作为购买方核算采购成本和增值税进项税额的记账凭证；抵扣联，作为购买方报送主管税务机关认证和留存备查的凭证；记账联，作为销售方核算销售收入和增值税销项税额的记账凭证。发票规格为240mm×140mm。

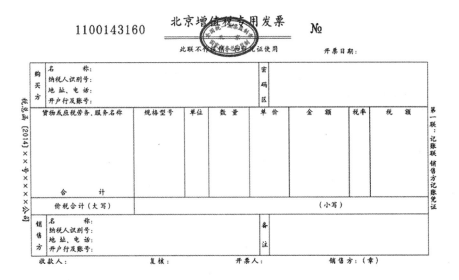

2.增值税电子专用发票

电子专票纵向分为票头、购买方、应税明细和合计、销售方和票尾五个部分,高度分别为 30、22、52、20 和 16 毫米。不包含票头、票尾的内框尺寸为 201 ＊ 94 毫米。

发票规格为 215mm × 140mm 。

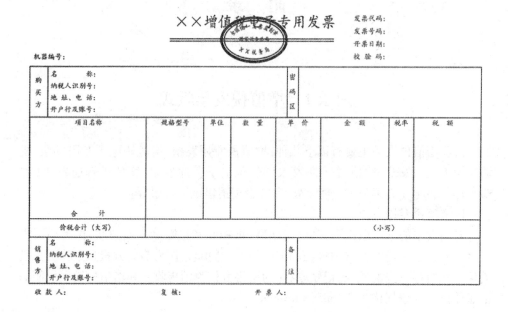

3.机动车销售统一发票

机动车销售统一发票为电脑六联式发票。即第一联发票联(购货单位付款凭证),第二联抵扣联(购货单位扣税凭证),第三联报税联(车购税征收单位留存),第四联注册登记联(车辆登记单位留存),第五联记账联(销货单位记账凭证),第六联存根联(销货单位留存)。第一联印色为棕色,第二联印色为绿色,第三联印色为紫色,第四联印色为蓝色,第五联印色为红色,第六联印色为黑色。发票代码、发票号码印色为黑色。

发票规格为 241mm × 177mm。

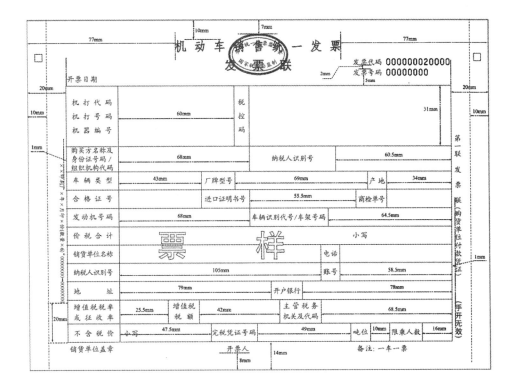

4.增值税普通发票

增值税普通发票分为二联票和五联票,第一联:记账联,销货方记账凭证;第二联:发票联,购货方扣税凭证;第三联至第五联由发票使用单位自行安排使用。发票规格为240mm×140mm。

5.增值税电子普通发票

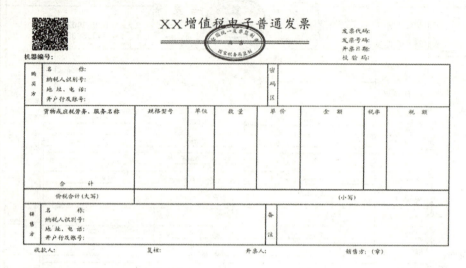

6.增值税普通发票(卷票)

增值税普通发票(卷票)为定长发票。发票宽度有 76mm、57mm 两种,长度固定为 177.8mm。

发票基本联次为一联,即"发票联"。发票印制的基本内容包括:发票名称、发票监制章、发票联、发票代码、发票号码、黑标定位符和二维码等。发票印制二维码中包含发票代码和发票号码信息,用于发票查验时的快速扫描录入。

76×177.8

57×177.8

7.增值税电子普通发票(通行费)

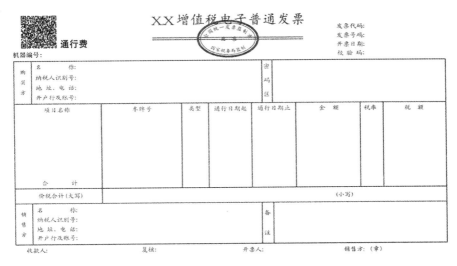

8.二手车销售统一发票

《二手车发票》为一式五联计算机票。计算机票第一联为发票联,印色为棕色;第二联为转移登记联(公安车辆管理部门留存),印色为蓝色;第三联为出入库联,印色为紫色;第四联为记账联,印色为红色;第五联为存根联,印色为黑色。规格为241mm×178mm。

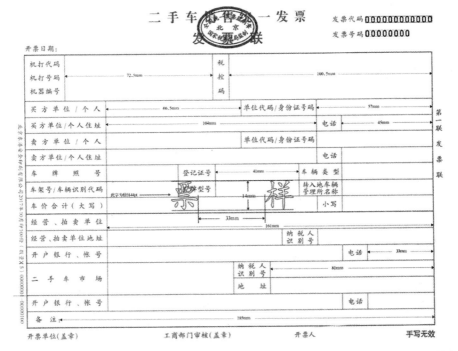

附录2 国家税务总局关于在新办纳税人中实行 增值税专用发票电子化有关事项的公告

国家税务总局公告2020年第22号

为全面落实《优化营商环境条例》，深化税收领域"放管服"改革，加大推广使用电子发票的力度，国家税务总局决定在前期宁波、石家庄和杭州等3个地区试点的基础上，在全国新设立登记的纳税人（以下简称"新办纳税人"）中实行增值税专用发票电子化（以下简称"专票电子化"）。现将有关事项公告如下：

一、自2020年12月21日起，在天津、河北、上海、江苏、浙江、安徽、广东、重庆、四川、宁波和深圳等11个地区的新办纳税人中实行专票电子化，受票方范围为全国。其中，宁波、石家庄和杭州等3个地区已试点纳税人开具增值税电子专用发票（以下简称"电子专票"）的受票方范围扩至全国。

自2021年1月21日起，在北京、山西、内蒙古、辽宁、吉林、黑龙江、福建、江西、山东、河南、湖北、湖南、广西、海南、贵州、云南、西藏、陕西、甘肃、青海、宁夏、新疆、大连、厦门和青岛等25个地区的新办纳税人中实行专票电子化，受票方范围为全国。

实行专票电子化的新办纳税人具体范围由国家税务总局各省、自治区、直辖市和计划单列市税务局（以下简称"各省税务局"）确定。

二、电子专票由各省税务局监制，采用电子签名代替发票专用章，属于增值税专用发票，其法律效力、基本用途、基本使用规定等与增值税纸质专用发票（以下简称"纸质专票"）相同。电子专票票样见附件。

三、电子专票的发票代码为12位，编码规则：第1位为0，第2-5位代表省、自治区、直辖市和计划单列市，第6-7位代表年度，第8-10位代表批次，第11-12位为13。发票号码为8位，按年度、分批次编制。

四、自各地专票电子化实行之日起，本地区需要开具增值税纸质普通发票、增值税电子普通发票（以下简称"电子普票"）、纸质专票、电子专票、纸质机动车销售统一发票和纸质二手车销售统一发票的新办纳税人，统一领取税务UKey开具发票。税务机关向新办纳税人免费发放税务UKey，并依托增值税电子发票公共服务平台，为纳税人提供免费的电子专票开具服务。

五、税务机关按照电子专票和纸质专票的合计数，为纳税人核定增值税专用发票领用数量。电子专票和纸质专票的增值税专用发票(增值税税控系统)最高开票限额应当相同。

六、纳税人开具增值税专用发票时,既可以开具电子专票,也可以开具纸质专票。受票方索取纸质专票的,开票方应当开具纸质专票。

七、纳税人开具电子专票后,发生销货退回、开票有误、应税服务中止、销售折让等情形,需要开具红字电子专票的,按照以下规定执行:

(一)购买方已将电子专票用于申报抵扣的,由购买方在增值税发票管理系统(以下简称"发票管理系统")中填开并上传《开具红字增值税专用发票信息表》(以下简称《信息表》),填开《信息表》时不填写相对应的蓝字电子专票信息。

购买方未将电子专票用于申报抵扣的,由销售方在发票管理系统中填开并上传《信息表》,填开《信息表》时应填写相对应的蓝字电子专票信息。

(二)税务机关通过网络接收纳税人上传的《信息表》,系统自动校验通过后,生成带有"红字发票信息表编号"的《信息表》,并将信息同步至纳税人端系统中。

(三)销售方凭税务机关系统校验通过的《信息表》开具红字电子专票,在发票管理系统中以销项负数开具。红字电子专票应与《信息表》一一对应。

(四)购买方已将电子专票用于申报抵扣的,应当暂依《信息表》所列增值税税额从当期进项税额中转出,待取得销售方开具的红字电子专票后,与《信息表》一并作为记账凭证。

八、受票方取得电子专票用于申报抵扣增值税进项税额或申请出口退税、代办退税的,应当登录增值税发票综合服务平台确认发票用途,登录地址由各省税务局确定并公布。

九、单位和个人可以通过全国增值税发票查验平台(https://inv-veri.china-tax.gov.cn)对电子专票信息进行查验;可以通过全国增值税发票查验平台下载增值税电子发票版式文件阅读器,查阅电子专票并验证电子签名有效性。

十、纳税人以电子发票(含电子专票和电子普票)报销入账归档的,按照《财政部国家档案局关于规范电子会计凭证报销入账归档的通知》(财会〔2020〕6号)的规定执行。

十一、本公告自2020年12月21日起施行。

参考文献

［1］苏伟伦.新出纳会计实务入门［M］.中国纺织出版社,2008 年版

［2］出纳训练营.手把手教你做优秀出纳［M］.机械工业出版社,2011 年版

［3］商兰芳 宣国萍. 出纳实务 ［M］.机械工业出版社,2011 年版

［4］何大安.出纳业务现学现用［M］.企业管理出版社,2006 年版

［5］刘国凡.基础会计［M］.对外经济贸易大学出版社,2008 年版

［6］张海东.出纳必读［M］.中国商业出版社,2006 年版

［7］王春如.第一次当出纳应知应会［M］.经济科学出版社,2007 年版

［8］孙涵.会计与出纳业务速成手册［M］.经济科学出版社,2004 年版

［9］中华人民共和国财政部制定.企业会计准则－应用指南［M］.中国财政经济出版社,2011 年版

［10］中国人民银行支付结算司.新版票据与结算凭证使用手册［M］.中国金融出版社,2006 年版

［11］财政部会计资格评价中心.初级会计实务［M］.经济科学出版社,2021 年版

［12］财政部会计资格评价中心.经济法基础［M］.经济科学出版社,2021 年版